足迹

ZUJI

翟光炯◎著

安徽师范大学出版社
ANHUI NORMAL UNIVERSITY PRESS
·芜湖·

图书在版编目(CIP)数据

足迹 / 翟光炯著.— 芜湖：安徽师范大学出版社，2021.9(2023.9重印)
ISBN 978-7-5676-5221-7

Ⅰ.①足… Ⅱ.①翟… Ⅲ.①工会工作－文集②道路工程－文集 Ⅳ.①D412.6-53②U41-53

中国版本图书馆CIP数据核字(2021)第184813号

足　迹　　　　翟光炯◎著

封面题字：方祖岐
责任编辑：何章艳　　责任校对：孙新文
装帧设计：王晴晴　　责任印制：桑国磊
出版发行：安徽师范大学出版社
芜湖市北京中路2号安徽师范大学赭山校区
网　　址：http://www.ahnupress.com/
发 行 部：0553-3883578　5910327　5910310(传真)
印　　刷：苏州市古得堡数码印刷有限公司
版　　次：2021年9月第1版
印　　次：2023年9月第2次印刷
规　　格：880 mm × 1230 mm　1/32
印　　张：4.125　　插　　页：3
字　　数：80千字
书　　号：ISBN 978-7-5676-5221-7
定　　价：35.00元

作者翟光炯与方祖岐上将(左)

作者翟光炯与温宗仁上将(左)

作者翟光炯与蔡英挺上将(左)

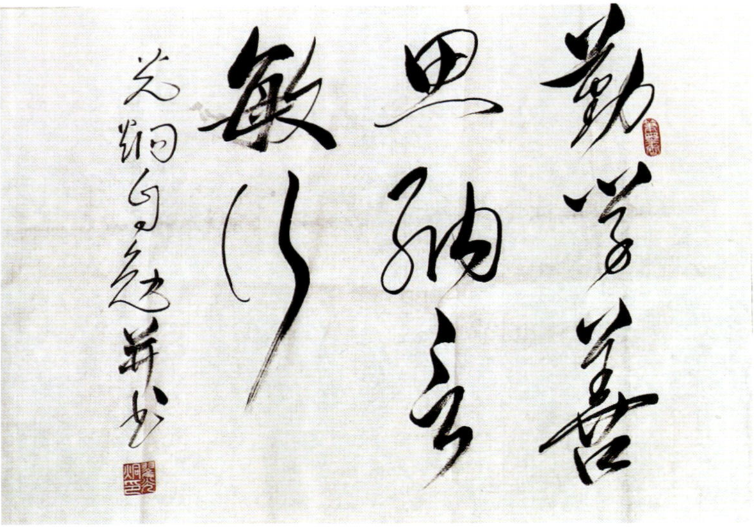

作者翟光炯书法作品

序 言

作者翟光炯同志，曾在党、政、军等多个基层岗位履职。他文可提笔，武能上马，干一行爱一行，钻一行专一行，并善于结合工作实际及时总结经验体会，适时整理成文在军内外刊物上发表。《足迹》这本书就是他曾发表过的部分文章的汇集。作者运用科学、辩证的思维方法，以独特的实践感悟和独到的真知灼见，阐述了一些带规律性的经验体会，值得一读。全书充满正能量，说的大实话，读来引人入胜，催人奋进，实在令人爱不释手！特以序之。

蔡英挺

（中国人民解放军军事科学院原院长）

序　言

作者翟克纲同志，曾在党、政、军等多个基层岗位履职，他文可提笔，武能上马，干一行爱一行，钻一行专一行，并善於结合工作实际及时总结经验体会，适时整理成文在军内外刊物上发表。《足迹》这本书就是他曾发表过的部分文章的汇集。作者运用科学、辩证的思维方法，以独特实践感悟和独到的真知灼见，阐述了一套带规律性的经验体会，值得一读。全书充满正能量，说的大实话，读来引人入胜，催人奋进，实在令人爱不释手！特以序之。

李支远手书

《序言》（山西省晋中军分区原司令员李支远抄录）

目　录

守卫感悟

廉政探索

和谐心声

交建烙印

维护担当

守卫感悟

守卫边疆、保卫祖国是军人的天职，准备打仗是军人的本能，能打胜仗是军人的担当，胜利是打仗的唯一目的，战场无亚军，所以要取得胜利就应该加强对战争规律和战略战术的研究。

要注意研究外军

20世纪80年代以来世界发生的局部战争，尤其是海湾战争表明，在新技术革命的推动下，军事领域的急速变革早已超出人们的想象。每次局部战争发生后，人们都有惊异之感，这正是这种变革超出人们想象的表现之一。因此，加强军队建设，必须注意研究军事变革的趋势，注意研究外军，研究对手。孙子曰："知己知彼，百战不殆。"这句名言至今仍有重要价值。

军队是对抗舞台上的角色，军队建设有着非常强的针对性。毛泽东同志曾谆谆告诫我们："优势而无准备，不是真正的优势，也没有主动。懂得这一点，劣势而有准备之军，常可对敌举行不意的攻势，把优势者打败。"今天，我们要战胜强敌，就必须做好充分的准备，而准备的第一要素就是要研究外军。正像一位朋友在谈到改革时讲道："军事改革与经济改革的一个不同点，就在于二者的目的不同。打个比方说，经济改革是为了提高生产力，把'蛋糕做得更大些'，以满足人民群众日益增长的物质文化需要；军事改革则是为了提高战斗力，把手中的'剑'磨得更锋利些，以适合未来战争的需要。"磨剑是为了杀敌，有着很明确的针对性。讲军队质量建设，参照系是什么？目标如何具体化？不研究外军，不弄清对手，这些问题就难以回答。

20世纪80年代初期，我军注重对外军的研究，练兵场上活跃着"蓝军司令"，训练的目的性、针对性很强，因此训练改革搞得有声有色，训练质量明显提高。但近些年，"蓝军司令"从训练场上消失了，研究外军的活动停止了，因此训练改革也就不够理想了。

今后的仗究竟该怎么打，这是我们军人应当认真思考的问题。战争样式变了，我们还是原则性地讲几句人民战争，持久作战，而不去研究发展了的战争实际，只能是自欺欺人。

当然，随着苏联解体，两极对抗消失，世界战略格局发生了重大变化，国际形势更加扑朔迷离，国际关系更加难以捉摸。谁是我们的敌人，谁是我们的朋友，不像过去那样阵线分明了。国家关系如同人与人之间的关系一样，越是趋于多元化，就越难以划定出清晰的敌友界限来。朋友中有敌意，合作中有排斥，相互矛盾又相互合作……在这样的国际环境下，研究外军，确定我们未来的对手，是一件非常复杂的事。如果我们还以两极对立的思维方式分析问题，难免使自己陷入困惑。这就是说，我们今天研究外军，需要一种多元化的思维方式，看问题不能太绝对，格局本身还在变化中，我们需要冷静观察。

研究外军，最重要的是弄清军事舞台上的大变革，弄清战争样式，破一破我们头脑里陈旧的军事观念，从而确定一个既综合又可以细分的发展目标。

（本文发表于1993年1月15日《解放军报》，有改动）

从电子头盔想到的

翻阅资料，偶然发现一则介绍美军新研制出的士兵作战头盔的消息，这是一种集通信、防护、伪装于一体的高科技电子头盔，士兵戴上它，可与远在万里之外的人通话，可以预测敌情，部队一旦装备这种电子头盔，将对战役战术原则及作战行动产生深刻的影响。

首先，电子头盔的出现使越级通信能力明显提高，这必然会带来指挥跨度增大和指挥层次简化。随着高技术战争的发展，部队机动空间增大而交战点“浓缩”，小分队活动日益频繁，战斗节奏加快，情况变化快，最高统帅部有时需要和执行特殊任务的分队或单兵直接联系。目前，美军强调以营为战术单位，简化指挥层次，并随时可以越级指挥，这是信息化战场的一个新特点。

其次，高技术战争要求提高指挥的时效性，电子头盔若和C2I系统融为一体，可使战斗文书简化，战术协同更为灵活。美军装甲32团1营特遣队于1992年2月14日在欧文堡国家训练中心实施的一次协同战斗演习表明：仅靠过去那种指挥员组织协调和按文字协同方案协调作战部队的行动，已不能适应快节奏战争的需要了。电子头盔的出现，有可能使参战的各个“部件”真正协调成一个整体。

最后，电子头盔的出现使战术行动达成战略意图更为直接。我们知道，战争的战略意图一般是通过各个方向上的战术及战斗行动的总和达成的，而在决定性的重要方向上的上级指令传达得是否及时、准确，往往直接影响着战略意图能否达成。为此，适时合理的机动兵力显得尤为重要，而机动兵力能否做到及时，往往取决于先进的指挥通信手段。电子头盔则可以弥补通信“断层”的空白，使重要方向上的战斗很快达成战略意图。

（本文发表于1993年12月3日《解放军报》，有改动）

端正思维方法，加强对基层的科学指导

工作指导思想问题，反映在个人名利得失上，是为谁当官、为谁服务、为谁工作的问题；反映在思维方法上，是用辩证的思维方法还是用形而上学的思维方法的问题；反映在工作方法上，是正确把握好“度”的问题，是工作作风、工作方法、工作效果的综合反映。下面笔者就从端正思维方法，加强对基层的科学指导这个角度谈几点粗浅的认识。

一、克服主观随意性的思维方法，坚持按《纲要》抓基层工作

主观随意性的思维方法是造成基层忙乱的主要原

因，是不按《军队基层建设纲要》（后文简称《纲要》）建连的重要障碍。其表现有以下几个方面：一是在认识上随心所欲，不是从实际出发而是凭想当然办事。二是在领导决策上长官意志浓厚，凭一孔之见办事，缺乏深入实际的调查研究。三是在具体工作指导上凭好恶喜怒抓工作，法制观念淡薄，严重地影响了按纲建连的落实。比如，一强调工作要活跃，就随意开大会，搞得基层忙于应付；一强调突出重点，就随意改变计划，使计划不如变化，搞得基层无所适从；一强调抓落实，机关工作人员就下到基层，成立各种检查组，使基层忙得团团转，正常秩序无法保障。这种主观随意性的思维方法，必然使下级工作左右为难，结果是基层忙乱，机关乱忙，工作无序，不可避免地给按纲建连带来不良影响。

克服这种思维方法，首先要树立按纲建连的思想，树立《纲要》就是法规的意识，要把认识统一到《纲要》上来，把思维规范到《纲要》上来，把思路端正到《纲要》上来，使思维围绕《纲要》转，指导依据《纲要》干。其次要注意调查研究，把上面精神吃透，把基层情况摸准，在两者之间找结合点，从而使上情与下情、主观与客观能够科学地有机地结合起来，这样才能使《纲要》在基层得到准确的落实。

二、克服简单化的思维方法，坚持着眼长远抓基层工作

简单化的思维方法主要是指不能从整体上看问题，不能从长远上想问题，不能从根本上分析问题和解决问题，突出表现为“顾此失彼”。其在工作中具体表现在以下几个方面：一是只看一时不看长远，只见树木不见森林，不能全面全程地看问题，结果是事故定乾坤，事故定荣辱，事故定升迁。二是只知其一，不知其二，不能全面系统地看事物，往往是单打一，不会两分法，抓了两头丢中间，抓了一点丢一片。三是只强调一种倾向，不注重另一种倾向，一种倾向掩盖另一种倾向。例如，受到表扬在成绩面前沾沾自喜，得意忘形；受到批评出了问题就失去信心，垂头丧气。再如，强调军事训练的中心就忽视思想工作的首位，强调思想工作重要就忽视训练和其他工作，强调阶段的某项工作重要就一边倒，忽视经常性的长远工作，结果造成顾此失彼，“抓了筷子丢了碗”，或两头冒尖，这边扛红旗那边出事故，使工作不能协调发展，严重影响了部队全面建设。

克服这种思维方法，首先要运用辩证的思维方法一分为二地看问题，始终注意好坏两个方面的转化，考虑到各种因素的外在联系和变化，克服片面性，使事物朝着有利的方向发展。其次要坚持从长远计议，从根本上着想，坚持在打基础管长远上下功夫，要“干在今天，想着明天，研究未来”。这样就能正确地指导基层建设朝着全面发展的正确方向迈进。

三、克服孤立性的思维方法，坚持按层次按职能抓基层工作

孤立性的思维方法主要表现为静止地绝对地看问题，不会系统地连续地看问题，在工作中表现为纵向上缺乏层次观念，处理不好层次与层次之间的关系，不注意分类和分层次指导，计划上下一般粗，要求一般齐，教育一锅煮，工作一阵风，一竿子插到底，不会调动各级的积极性；横向上缺乏结构观念，不能正确处理系统与系统、要素与要素之间的关系，导致领导与领导之间、机关与机关之间、机关与部队之间、连队与连队之间互相交流沟通不够。这就不能形成纵向顺畅、横向协调、内部顺展、齐心协力的局面。

要解决这个问题，就必须在思维方法上坚持按层次领导，按职能到位。首先，要还权于基层，按职责办事，让基层干部在基层建设中唱主角。把基层干部的积极性调动起来，使上上下下拧成一股绳，心往一处想，劲往一处使。其次，要搞好分类指导，克服长官意志，把一般号召与个别指导结合起来，把横向协调与纵向贯通结合起来，哪里受阻就疏通，哪里有疙瘩就解开，做到横不分家，纵不脱节，这样才能保证基层建设这部大机器的各部件都能正常运转，从而使基层建设稳步有序地发展。

四、克服教条式的思维方法，坚持求真务实创造性地抓基层工作

教条式的思维方法表现在工作中，主要是唯书唯上不唯实，将本本上的东西绝对化，将文件上的东西凝固化，将上级指示笼统化，将习惯当放映机、复印机，不敢越雷池一步。比如，上级强调安全防事故，结果训练不敢投实弹、打实炮。再如，文件上规定不准搞土政策，结果对一些违纪现象不敢处理，放任自流等等。此类思维方法实际上是一种消极观望、不思进取的表现，

它自觉不自觉地使上级的指示悬空，下级的积极性“萎缩”，导致工作落实不好。对此，我们必须树立求真务实的思维方法，创造性地开展工作，把扎实性与创造性结合起来，认真把上级的指示吃透，紧密结合本单位实际，在不违背上级指示和本单位实际的基础上敢闯敢冒，把对上负责和对下负责统一起来，这样才能摆脱教条化的束缚，把基层建设搞得既生动活泼，又扎实有效。

五、克服习惯性的思维方法，坚持依靠基层广大官兵建设基层

搞好部队基层建设要靠两个积极性，一个是领导机关的积极性，一个是基层官兵的积极性，相比较而言，基层官兵的积极性更加重要。然而，我们在实际工作中，往往偏重于习惯性思维方法，凭经验主义和传统观念办事。例如，一强调抓基层工作，机关干部就下去搞名目繁多的检查，而不是在帮上做文章，不是在调动基层官兵内在积极性上下功夫，造成基层官兵被动应付，不能主动搞好自身建设，甚至把基层推到了对立面。在这个方面，我们是有着深刻的教训和体会的。比如，我

们团在养猪种菜这项工作上，过去一味地强调自然条件差，种菜没有地，养猪没有圈，灌溉没有水，不能主动地发动群众去干，导致后勤工作一直处于被动挨批的状态。近两年来，我们注重发挥两个积极性，在全团进行广泛深入的思想动员，理顺了各种关系，层层分任务、明责任，发动群众开荒造田，房前房后种瓜种豆，两年开出可种地62.7亩，建造温棚3.7亩、保温猪圈75间，平均2.7人一头猪，人均生产蔬菜自给率达69.7%。1995年，我们团后勤部被评为先进后勤部，并提前两年达到了军区“三年规划”的基本要求，集团军还专门组织人员到我们团进行观摩。这件事使我们深深体会到，只有没干好的工作，没有干不好的工作。只要我们树立了基层就是“上帝”，领导就是服务的观念，端正了工作指导思想，校准了思维方法，把基层官兵的积极性调动起来，就一定能够按照《纲要》把基层建设好。

（本文发表于1996年4月原北京军区旅团干部《培训理论》，有改动）

管理者首先要学好条令条例

条令条例是从严治军，加强正规化建设的法规，是我军几十年治军经验的科学总结，是部队正规化管理的基本依据和准绳。作为部队的管理者，首先应带头学好条令条例。

“学，然后知不足。”我们从对基层情况的调查中发现，由于不按条令条例办事造成管理混乱的问题，在一些部队中仍然存在。例如，某连战士超假误假情况比较严重，经了解得知，该连对战士超假误假以罚款的形式来处理，超1天罚款10元，致使一些战士产生逆反心理和抵触情绪，也使那些违纪战士从反面求得一种心理平衡。有的战士说：“反正我交了钱，扣了钱就是一种认可。”问及该连连长为什么采取这种方式来处理时，答曰："没有什么好的管理办法。"真的是没有好的管理办法吗？我军纪律条令中规定，擅离部队，无故逾假不归的应给予处分，而这位连长却硬是找不到相应的管理办法。再如，某连两名战士因训练争吵打架，该连连长宣布给这两名战士分别记严重警告处分一次，造成了战士不服，训练积极性下降。当我们问及该连连长为什么给予他们严重警告处分时，他说："不给严重警告处分不管用，镇不住兵。"这位连长只知要"镇住兵"，却不知超越了我军纪律条令规定的处分权限。又如，某单位热衷于搞突击式训练，于是就让战士提前起床，推迟休息，加班加点训练，造成战士生活秩序紊乱，训练效率低下，疲劳不堪。当问及该单位领导为什么这么做时，答曰："单位出成绩，必须多付出。"听起来似乎很有道理。其实，我军内务条令中对一日时间分配和一日生活秩序规定得清清楚楚，只要严格遵照执行，就能保证部队一日生活良好有序地运转。

诸如此类的问题还有不少，其根本原因是管理者不精通条令条例，不能按条令条例办事。条令条例是我军带兵管理的法规和依据，早在20世纪50年代，彭德怀元帅就提出，正规化就是要把全军的各方面用正式的规格，即条令的规定彻头彻尾地统一起来；主要的就是统一装备、统一编制、统一训练、统一制度、统一纪律，把这些制成条令，作为每个军人遵守的法典，以适应统一指挥、协同作战的需要。刘伯承元帅也说过，条令就是常则，也就是军队行动秩序的章程。作为部队管理者，应当深刻地认识到条令条例对部队正规化管理的重要性，切切实实地把条令条例作为部队正规化管理的法典来认真对待，同时也要清楚地认识到，要想成为一名合格的管理者，最重要的前提是要精通部队的各项条令条例。

为此，部队管理者要以对部队正规化管理高度负责的态度，认真学好条令条例。在部署工作时，要遵守条令条例，克服随意性；在检查工作时，要依据条令条例，克服盲动性；在指导部属时，要遵照条令条例，克服对人不对己，坚持学用一致、教养一致、上下一致、系统管理、模范行动，带动部属按条令条例办事，从而促使管理工作正规化。

廉政探索

廉政的前提是廉洁，廉洁的实质是干净，做官做人做事，只有自己干净了，才能无私无畏忠诚担当。所以，加强廉洁修养是每个人的必修课题。

抓好廉政建设是增强党的战斗力的重要保证

廉政建设，既是党的建设的重要内容，也是全面搞好党的建设的重要前提和条件。特别是在改革开放和发展商品经济的形势下，抓好廉政建设，对增强党的凝聚力和吸引力，使我们党经受住“三个考验”显得尤为重要而紧迫。

江泽民总书记在“七一”讲话中明确指出：“我们党取得执政地位以后，获得了更好地为人民服务的条件，也增加了脱离群众甚至腐败变质的危险。在改革开放和发展商品经济的条件下，这种危险会更大，如果放松警惕，带来的后果也会更为严重。”党的十三届四中全会以来，我们党采取了一系列行之有效的措施，坚决而扎实、积极而稳妥地开展了反腐败斗争，并取得了一定的成绩。总的来看，在党员干部中多数人是好的，但也有少数人由于受资产阶级腐朽思想的侵蚀，官僚主义、以权谋私等现象有所滋长。例如，有的贪污奢侈，讲排场，摆阔气；有的利用管钱、管物、管人的权力，吃卡拿要；有的索贿受贿，腐化堕落。在某些部队中流传的“辛辛苦苦干一年，不如几颗手榴弹”“两瓶酒，放你走；一条烟，给七天”等顺口溜，就反映出了个别领导干部的不廉洁行为。这些问题虽然发生在个别人身上，却破坏了党在人民群众中的形象，破坏了党在思想上、政治上的统一，影响了党的战斗力，如果任其蔓延，就有使党走向自我毁灭的危险。因此，必须下大功夫，花大力气，认真抓好廉政建设。那么，如何搞好廉政建设呢？下面笔者将结合自己的学习体会和工作实际谈几点浅见。

一、领导干部要过好五个关

第一，权力关。领导干部要深刻认识到自己是人民的公仆，只有勤勤恳恳为人民服务的义务，而绝对没有凭借个人手中的权力贪图私利的权利。第二，金钱关。领导干部要明确自己是共产党的人，奉行的是无私奉献的精神，时刻保持共产主义信念，廉洁自律。第三，人情关。领导干部要坚持讲党性，不讲情面，讲五湖四海，不讲亲厚疏薄。第四，苦乐关。领导干部要崇尚以苦为荣、以苦为乐的思想，克服贪图安逸、追求享受的资产阶级人生观。第五，荣辱关。领导干部要树立清正廉洁光荣、腐化堕落可耻的思想。

二、领导干部要严于律己

抓廉政建设光发号召是不行的，而应从领导干部做起，从自身做起，从点点滴滴做起。要敢说“看我的”“照我的办”，一级给一级做出榜样。凡是要求部属做到的，领导干部首先要带头做到；凡是要求群众做到的，自己首先要身体力行。比如，在干部就餐交伙食费这个问题上，我团领导和机关干部下基层蹲点，一律要在食堂和战士一起就餐，全部按规定上交伙食费，为部队带了个好头。我们在实践中深深体会到，领导干部严于律己，以身作则，是廉政建设的关键所在。我们不仅要管好自己，还要管好自己的单位，克服畏难情绪，消除患得患失思想，自觉地形成廉政的小气候，进而促进大环境的改善。

三、严格落实各项制度

邓小平同志指出：“制度好可以使坏人无法任意横行，制度不好可以使好人无法做好事，甚至会走向反面。”抓廉政建设，必须重视制度建设，以此堵塞漏洞，建立秩序，消除滋生腐败现象的土壤。例如，在伙食管理这个问题上，我团财务、军需部门每月定期检查各单位伙食管理五项制度落实情况，防止出现个别同志多吃多占，侵占士兵利益的不廉洁行为。又如，团党委在干部提拔任用，战士入党、考学、提干、转志愿兵等敏感问题上，研究制定了“三监督”（团、营、连三级监督）、“一下一上”（自下而上推荐）的制度，并严格按照制度认真落实，提高了工作的透明度，基本上制止了以权谋私、送礼受礼等不正之风。实践证明，这项制度不仅为反腐倡廉开了一服良药，而且对推动部队廉政建设起到了积极的作用。

四、做到赏罚严明

坚持赏罚严明的原则，是搞好廉政建设的一项重要措施。如果赏罚不严明，功过不分，就会出现抓而不紧、抓而不实、抓而不立的现象，各项廉政建设措施的落实也只能是一句空谈。因此，要把廉政建设成绩突出的同志作为推荐、考察、任用的重点对象，该提拔的提拔，该任用的任用，该奖励的奖励；对以权谋私、不廉洁的同志，该批评的批评，该处理的处理。今年以来，我们先后对14名廉洁自律、工作成绩突出的同志给予了记功、嘉奖，对1名侵占士兵利益的同志给予了严肃处理。全团上下形成了崇尚廉洁的良好风气，增强了各级党委的凝聚力和战斗力，保证了部队各项工作任务的圆满完成。

（本文发表于1991年12月步兵八十二师政治部《党建理论学习》，有改动）

纪检办案要过“五字关”

查处违纪违法案件是纪检监察机关的一项重要职责，也是开展党风廉政建设和反腐败斗争的一个有力手段。因此，查处违纪违法案件是纪检监察机关必须长期肩负的一项重要而艰巨的任务。笔者认为，要抓好纪检办案工作，纪检监察工作者必须过好“五字关”。

一是突出一个“检”字。“检”就是检查。纪委的主要任务之一是检查党的路线、方针、政策和决议的执行情况，调查和处理党的组织以及党员违反党的章程和其他党内法规的行为。检查，从字面上解释就是为了发现问题而用心查看。因此，要真正履行好检查职能，就必须具备积极主动的工作热情和态度，完整、准确地掌握党的路线、方针、政策和决议精神，认真钻研、弄懂党章和其他党内法规，在此前提下，严格对照党章和其他党内法规检查党的组织和党员的行为，看其有无违纪违规的问题。

二是狠抓一个“察”字。“察”就是监察。监察，就是监督国家机关及其工作人员的工作，并检举其违法失职行为。这是监察机关的主要职责。监察工作者要通过刻苦的业务学习和不断的实践锻炼，练就一双“火眼金睛”，善于发现监察对象在勤政廉政等方面存在的问题。监察机关要采取多种方式实施监察职能。只有对监察对象实行全方位、多形式的监察，才能发现和处理其违反政纪的行为，确保政令畅通，造就勤政廉洁的风气。

三是树立一个“敢”字。纪检监察机关要维护党和国家的政策、法规，调查、处理违反党纪政纪的行为，就会导致那些违规违纪干部的“利益”受到侵害，有的人甚至会被移送司法机关追究刑事责任。这就意味着纪检监察工作者在行使职权过程中，可能会遇到困难、阻力，甚至受到打击报复。因此，我们要忠于职守，做合格的党纪国法“卫士”，就必须“敢”字当头，树立一种顽强的斗争精神，要不畏权势，敢于碰硬。实践证明，正义的力量必定强于邪恶的力量，正义终将战胜邪恶。只要有足够的斗争勇气和信心，就一定能排除阻力，压倒强权，使问题得到应有的处理。

四是注意一个“实”字。严谨务实是做好一切工作的根本保证，对于查处违纪违法案件尤为重要。之所以如此，是由纪检监察工作的性质和任务决定的。纪检监察工作是一项政策性、纪律性很强的工作，其主要任务是通过执行政策，维护纪律，达到“支持改革者、鼓励实干者、弘扬先进者、教育失误者、惩处腐败者、保护举报者、追究诬告者”（引自杨多良同志在安徽省委纪委第三次全会上的工作报告）的目的。办案人员如果没有求真务实的态度和严谨细致的作风，工作中就容易出偏差。因此，每位纪检监察工作者特别是办案人员必须身体力行，端正工作态度，转变工作作风，脚踏实地，埋头苦干，以优质高效的标准对待本职工作。

五是把住一个“建”字。随着时代的发展，要适应新的形势，满足新的任务需要，纪检监察机关必须不断加强和改进自身建设，提高办案人员的政治业务素质和思想水平。要使纪检监察工作者达到“政治坚强、公正清廉、纪律严明、业务精通、作风优良”的要求，关键在于通过建章立制，严肃政治纪律、学习纪律和工作纪律，尤其是办案纪律和保密纪律。用制度管住“嘴”，不该说的不说；用制度管住“手”，不该拿的不拿；用制度管住“腿”，不该去的地方不去。纪检监察工作者要树立良好形象，用制度规范言行，讲学习、讲政治、讲正气，以过硬的本领和良好的形象让党放心，取信于民。

（本文发表于2003年5月5日《巢湖日报》专刊）

坚持“五个不”，扎实抓“双清”

自清财、清房（后文简称“双清”）工作开展以来，和县政府严格落实上级指示精神，加大工作力度，“双清”工作取得了阶段性成果。在具体工作中，我们坚持做到“五个不”：

一是执行政策不走样。在执行政策上，我们严格把关，做到决心不动摇，政策不走样，工作不变形。县领导要求把“双清”工作作为党风廉政建设和反腐工作的一项重要任务来抓，要对照政策，深刻领会，按规矩办事。县纪委在认真研究上级有关“双清”政策的基础上，结合我县实际，制定了具体的实施方案。对于县房管局在1995年房改时按人口核算面积和本次按职别核算面积不一致的问题，我们及时请示了省、市有关部门，解决了问题，推动了“双清”工作的顺利进行。

二是主动上门不等靠。在“双清”工作中，县纪委、监察局充分发挥组织协调作用，一方面，事前主动上门征求主办责任单位意见，使清理方案更加科学合理，便于操作；另一方面，事中适时过问了解情况，掌握工作进展，及时向上级机关和有关负责人汇报，督促工作开展。同时，注重发现案源线索，涉及“双清”信访举报的，及时批办；大力指导乡镇纪委开展好清理工作，注重结合乡镇区划调整、小村并大村等工作，把这次“双清”工作做实做细。

三是摸清底数不含糊。在吃透上情的基础上，我们把工作的着力点放在摸清下情上，掌握“双清”工作第一手资料。清财工作中，我们把重点放在债权债务、票据使用和管理、专项资金使用、工程项目招投标预决算、固定资产管理等方面存在问题的项目的清理和纠正上。清房工作中，我们对全县1995年以来的房改政策文件和台账资料都逐项进行了清理，核准所有以房改价标准购买公有住房的行为。县房管局还建立了房改档案微机管理系统，集中封闭输入房改资料，极大地提高了清房工作效率。

四是公开公正不隐护。设立“双清”专用举报电话，发动群众监督，拓宽信访渠道。公开清理结果，真正做到政策公开，台账清楚，方法得当，查办有据。全县各级纪检监察干部带头自查自纠，不搞特殊化，不以权谋私。对发现的问题不隐瞒，不袒护，不偏不倚，公开公正。

五是处理问题不姑息。对在“双清”中发现的问题，坚决纠正到位。同时，注重把握政策，慎重对待，主张单位和个人在一定时间内先自查自纠，对被查被纠或弄虚作假的，则依纪依法查处，涉及违法的，移送司法机关处理，决不姑息。

（本文发表于2004年11月4日《巢湖日报》专刊，有改动）

党内监督的对策与思考

马克思主义认识论告诉我们，任何社会现象都是相互联系的各种主客观因素综合作用的结果。腐败的成因可概括为三个要素，即“能”“想”“敢”。其中，“能”表示腐败的社会经济成因及制约因素，属客观范畴；“想”表示行为人的心理因素及思想意念，属主观范畴；“敢”是介于“能”与“想”之间的独立要素。腐败则源于这三者综合作用的结果，其中“能”这个要素在腐败成因中处于极为重要的环节，其一旦与“想”“敢”要素结合，便如腐生蛆，有滋生、蔓延的可能。由此及彼，遏止腐败，一方面要开展教育，使之“不想”，加大打击力度，使之“不敢”；另一方面，更要强化监督制约机制建设，使之“不能”。加强党内监督，就是

“标本兼治”、治腐清源的克病良方。2004年2月，备受关注的《中国共产党党内监督条例（试行）》（后文简称《条例》）颁布实施，这标志着中国共产党的党内监督从此进入规范化、制度化的新阶段。深入学习贯彻《条例》，加强党内监督，对于发展党内民主，进一步提高各级党组织的领导水平和执政水平，提高拒腐防变和抵御风险的能力，具有十分重要的意义。

从近几年党内监督工作的实践来看，党内监督仍然存在薄弱环节，主要表现在监督意识不够强，接受监督不自觉，自上而下的组织监督相对顺利，自下而上的逆向监督比较困难，纪委的监督职能未能充分发挥，监督工作不深入，党内监督体制不够完善，制度不够健全，责任追究落实不到位等方面。所以，加强党内监督，必须既立足于解决当前存在的问题和难点，又考虑到长效管理和超前规范，既继承和发扬传统的、有效的监督方式，又积极探索和创新新形势下加强党内监督的新途径和新方法。

一、正确处理好“三个关系”

一是处理好监督与被监督的关系。全党必须在监督上实行整体联动，建立健全监督体系，形成监督网络，任何组织与个人都应纳入监督与被监督的范畴之内，使腐败行为无容身隐身之处。二是处理好敢于监督和善于监督的关系。对腐败现象听之任之、疏于监控，是腐败毒瘤得以滋生蔓延的条件之一。因此，实施党内监督必须强调党性原则，既要勇于正确行使自己的监督职责，对腐败违纪问题勇于查举、敢于斗争，又要善于研究监督方法与策略，把握监督的时代特征，从体制上查原因，从思想上抓防范，从源头上把关口。三是处理好监督与服务的关系。把强化监督、营造良好的党风环境与改进服务紧密结合起来，紧紧围绕中心工作履行监督职能，为改革发展提供纪律保证。

二、严格落实“四项制度”

一是强化党的集体领导制度。凡重大问题必须由集体讨论决定，决不允许任何个人凌驾于组织之上或游离于集体之外去处理重大问题。与此同时，完善个人分工责任制，实行责任追究制。这是实施权力制约，防止权力滥用的关键所在。二是严格党内组织生活制度。这是防止党内特权，保障党员政治平等，促使领导干部接受党员监督的重要措施。三是完善民主评议领导干部制度。选拔任用、管理干部应坚持组织考核与群众评议相结合的原则，实施任前公示、届中评议、离任审计制度，把审计结果和干部的实际利益挂钩，杜绝监督失真、监督失察、监督失衡的现象。四是强化纪检监察机构职能制度。既要给监督权，更要用监督权，要摒弃在监督领导干部时产生的“戴着紧箍咒除魔——有识无胆”的顾虑，保证党内监督归位、正位、到位。

三、突出把握好“五个重点”

一是牢牢抓住主线，充分发扬民主。发展党内民主，加强党内监督，维护党的团结统一，是贯穿《条例》的一条主线。党内民主是党的生命，也是党内监督的基础，对人民民主具有重要的示范和带动作用。党内民主的状况影响和制约着党内监督工作的水平，如果党内民主发展不够，批评与自我批评的气氛不浓，监督就不可能落到实处。《条例》根据我们的党情、国情，从实际出发，规定了发展党内民主的具体措施和要求，既强调了加强党的上级组织对下级组织的监督，又规定了党员对党组织、党员对党的干部、党的下级组织对上级组织的监督，体现了自上而下的监督与自下而上以及同级领导班子内部监督相结合的原则，为发展党内民主，加强党内监督提供了制度保障。因此，发展党内民主，加强党内监督，维护党的团结统一这一主线，是我们学习、理解《条例》的关键。

二是坚持内外结合，形成监督合力。我们党是执政党，党内监督在各种监督中起着基础和核心的作用。党内监督搞不好，党外监督就难以开展。同时，加强党外监督也可以促进党内监督，提高党内监督的水平。《条例》对党内监督与党外监督作了明确规定，这是对社会主义市场经济条件下监督规律认识的深化。我们要在加强党内监督的同时，充分发挥党外监督的作用。要扩大有序的政治参与，拓宽监督渠道，进一步完善政务、厂务、村务公开，提高涉及群众切身利益的有关政策和工作的透明度，使人民群众敢于并能够监督我们的党政组织。党组织要切实保障宪法赋予公民的批评、建议、控告、检举等权利，认真受理、核查群众举报反映的各种问题，以保护群众参与监督的积极性。应通过全党和全社会的共同努力，使党内监督与国家专门机关监督、民主党派监督、群众监督、舆论监督等监督形式紧密结合，形成监督的整体合力。

三是完善监督制度，加大监督力度。《条例》的一个突出特点是凸显了制度的力量，这说明我们党充分认识到了制度建设在政党建设中的根本性、长期性、基础性地位，并紧紧地抓住了这一关键环节。实践反复证明，制度的可行性、规范性和约束力，决定着监督工作的质量和效果。党内监督制度是维护党内正常秩序，实行党内民主的基本制度之一，也是保证党内其他制度贯彻实施的关键环节。没有制度，党内监督就没有判断和鉴别是非的标准，监督当然也就无法进行。邓小平同志十分强调党的制度建设，他说，领导制度、组织制度问题更带有根本性、全局性、稳定性和长期性。这种制度问题，关系到党和国家是否改变颜色，必须引起全党的高度重视。没有以制度为载体的民主是靠不住的民主，没有以制度为载体的监督是软弱的监督。因此，必须加强党内监督的制度化建设，没有制度，监督就没有依据和标准。

四是改革监督体制，强化纪检监察机关的监督职能。纪检监察机关是党内的监督部门，充分发挥其监督职能，是搞好党内监督工作的关键。《条例》首次正式确立各级纪委为党内监督的专门机关。纪委作为同级党的代表大会选举产生的两个委员会之一，不能等同于同级党委的一个工作部门，而是实施党内监督的专门机关。过去有些人对纪委有模糊认识，原因之一是纪委的监督地位规定不清。按照《条例》规定，纪委在党委统一领导下，专司党内监督的权力。因此，强化纪检监察机关的监督职能，首先要明确党内纪检监察机关的相对独立性，尽可能使纪检监察机关的工作人员独立于监督客体之外。正如列宁所说，监督机关如果“通常要依靠被检查机关的施舍过日子”就“丝毫没有威信”，它应该“具有最大限度的独立性”。只有这样，才能解除监督工作人员的“后顾之忧”。同时，同级党委应充分支持纪委的监督工作，从具体制度上保证纪检监察机关有权参加同级党委的有关会议，保证纪检监察机关在查处违纪案件中不受任何干扰。其次要实现党内监督程序的科学化，做好党内监督程序的规范建设，按照程序布置和开展工作，使纪检监察机关的监督工作有条不紊地进行，保证纪检监察机关的监督职能充分发挥。

五是把握监督重点，务求监督实效。加强党内监督，必须突出重点，抓住关键，推动党内监督工作扎实有效开展。其一，强化对“一把手”的监督。“一把手”如果得不到有效监督，就有可能滥用权力，独断专行，把本应为人民服务的权力变成谋取私利的工具。因此，要把对“一把手”的监督作为重点，综合运用各种监督手段，切实加强对“一把手”的监督。严格执行领导干部离任审计制度、重大事项报告制度等，使各级“一把手”的从政行为能够经常处于党组织和党员的监督之中，确保党组织和人民赋予“一把手”的权力能够正确行使。其二，强化对“热门”的监督。首先，对具有管钱、管人和管物等权力的单位和部门加强监督。权力相对集中就容易发生腐败案件，所以必须深入推进行政审批制度改革，严格执行《中华人民共和国行政许可法》，对取消的审批事项加强后续监管，对保留的项目严格审核和论证，在管好权上下功夫。要进一步推进公共财政制度改革，落实“收支两条线”制度，加强对预算外资金的管理，完善会计集中核算制度，加强对采购、销售、财务等各个环节的监督管理，在管好钱上下功夫。继续不折不扣地执行好《党政领导干部选拔任用工作条例》，严格按照《党政领导干部选拔任用工作条例》选人用人，加大对《党政领导干部选拔任用工作条例》执行情况的监督检查力度，严厉查处违反《党政领导干部选拔任用工作条例》的行为，在管好人上下功夫。其次，加强对基建工程招投标过程的监督，严防出现干预招标、虚假投标、串标和非法挂靠等问题。认真落实经营性土地使用权拍卖挂牌出让制度，严肃查处违法违规批地用地行为。健全产权交易规则和监管制度，规范产权交易市场。进一步扩大政府采购的范围和规模，加强规范化管理。积极稳妥地推进司法体制改革，加强对审判等司法工作的监督力度，坚决克服和防止司法领域的腐败。

（本文发表于2004年《巢湖党风廉政》特刊，有改动）

对廉政文化建设的思考

2005年，中共中央颁布的《建立健全教育、制度、监督并重的惩治和预防腐败体系实施纲要》指出，反腐倡廉教育要面向全党全社会，要把思想教育、纪律教育与社会公德、职业道德教育、家庭美德教育和法制教育结合起来，大力加强廉政文化建设，这为反腐倡廉教育工作指明了方向。如何把廉政文化与反腐倡廉教育有机结合起来，发挥廉政文化在反腐倡廉工作中的基础性作用，是一个值得认真思考研究的新课题。

历史上曾经涌现出一大批清官廉吏，出台了许多奖廉惩贪的律令，创作了丰富的廉政文学文艺作品，形成了特定的民族文化心理和精神纽带。但由于腐败现象长期存在，一些特殊群体中逐渐形成了以自私不耻为核心、以特权思想为载体、以享乐主义为表现的一种畸形的、扭曲的、反主流的判断，也就是我们通常所说的“腐败亚文化”，其外在表现是认同和支持腐败，甚至参与腐败。例如，少数领导干部崇尚升官发财理念，把党和人民赋予的权力当作牟取私利的手段；少数群众对腐败行为采取无奈、容忍的态度，默认腐败者特权，甚至存在羡慕腐败的灰暗心理。可以说，廉政文化建设的相对滞后，是滋生腐败现象的一个重要原因，因此，加强廉政文化建设就显得尤为重要。

如何加强廉政文化建设呢？在不同时期，廉政文化建设的要求和内容不尽相同，必须牢牢把握时代特征，不断创新发展。一要开拓新思路。要着眼于推进党的执政能力建设，建立和谐社会，站在更高的起点上，进一步拓宽思路，创新形式，丰富内容。通过廉政文化建设，加大正面宣传引导力度，消除陈旧观念，突破陈规陋习，用健康向上的、先进的廉政文化占领思想“阵地”，从而形成一种“强势”，进一步筑牢党员干部的思想道德防线，提高拒腐防变的能力。二要创造新载体。要把廉政文化与社区文化、校园文化、企业文化、农村文化、家庭文化结合起来，通过举办反腐败成果展、廉政文化书画展，上党课，举行报告会，发廉政短信，出版廉政文化作品，拍摄反腐败影视专题片等教育形式，贴近群众，贴近生活，寓教于理，寓教于乐，真正使广大干部群众在文化氛围中受到感染，接受教育。三要建立新机制。要把廉政文化建设纳入建设先进文化的格局中，充分发挥“大宣教”格局的作用，为廉政文化建设搭建缤纷的舞台。同时，着力构建廉政文化建设的格局，充分调动各种积极因素，整合各类社会力量，群策群力抓好廉政文化建设。

当前，加强廉政文化建设，更好地使廉政文化建设为党风廉政建设和反腐败服务，保证廉政文化建设沿着健康的轨道向前发展，还必须要做到“三个结合”：首先，要把继承和创新结合起来。廉政文化是一种先进性文化，烙印着崭新的时代特征。改革开放的深入发展对廉政文化建设提出了新的更高要求。加强廉政文化建设要适应人民群众不断增长的文化需要，提高文化品位，体现时代特色。只有把继承和创新结合起来，才能真正使廉政文化在传承的基础上有所创新，有所发展。其次，要把教育与娱乐结合起来。教育性和娱乐性是廉政文化活动功能的两个方面。我们既要旗帜鲜明地提倡什么，反对什么，又要开展一些人民群众喜闻乐见、生动有趣的文化活动，吸引广大人民群众踊跃参与，以达到陶冶情操、增长知识的目的。没有教育性，廉政文化建设就会失去灵魂和方向；没有娱乐性，教育也就显得枯燥乏味，很难引人入胜，深入人心。因此，必须把二者紧密结合起来，做到寓教于乐，融思想性、艺术性、知识性、趣味性为一体。最后，要把领导带头与群众参与结合起来。廉政文化建设是一项全员性的工作，需要各级领导和广大群众共同参与。没有领导干部的积极带头，廉政文化建设就会失去应有的功效和有力的组织保障；没有广大群众的参与，廉政文化建设就会缺乏生机和活力。只有广大党员干部和人民群众共同参与，互相学习，互相促进，廉政文化建设才会呈现勃勃生机，才有深厚的群众基础。

（本文发表于2005年10月19日《安徽经济报》，有改动）

履行纪检职责要做到“三清”

党的十六大报告提出：“坚决反对和防止腐败，是全党一项重大的政治任务。”当前错综复杂的国际国内环境决定了反腐败斗争的长期性、艰巨性和复杂性。作为肩负党风廉政建设重任和站在反腐败斗争最前沿的纪检监察干部，要经受住考验，履行好职责，必须在“三清”上下功夫。

一要有清醒的认识。纪检察干部对反腐倡廉工作的形势、任务、地位和作用要做到“心中有数”。首先，要清醒地认识到反腐倡廉工作的重要性。党的十六大报告指出：“不坚决惩治腐败，党同人民群众的血肉联系就会受到严重损害，党的执政地位就有丧失的危险，党就有可能走向自我毁灭。”其次，要清醒地认识到反腐倡廉工作的艰巨性。近年来，通过全党全社会的共同努力，党风廉政建设和反腐败斗争取得了新的明显成效，党政机关和干部队伍中的腐败现象不同程度地得到遏制。但是我们必须看到，腐败现象易发多发的土壤和条件在一些领域仍然存在，反腐败斗争的任务还很艰巨繁重。最后，要清醒地认识到反腐倡廉工作的特殊性。消极腐败现象严重扰乱社会经济秩序，干扰改革开放，阻碍经济发展，损害人民群众的根本利益，给社会带来很多不稳定因素。而治理腐败，加强党风廉政建设，正是为了促进改革开放和经济发展，维护人民群众切身利益和安定团结的政治局面。改革需要反腐倡廉，发展需要反腐倡廉，稳定更离不开反腐倡廉。反腐倡廉工作在改革、发展和稳定这“三驾马车”中扮演着特殊的角色，起着举足轻重的作用。

二要有清晰的思路。思路不清无以开展工作。首先，要准确把握中共中央关于反腐倡廉工作的总体要求。中共中央纪律检查委员会向党的第十六次全国代表大会所作的工作报告中明确提出了今后五年党风廉政建设和反腐败斗争的总体要求，报告指出：“要高举邓小平理论伟大旗帜，全面贯彻‘三个代表’重要思想，贯彻落实党的十六大精神，紧紧围绕发展这个执政兴国第一要务，坚持党要管党、从严治党，坚持党中央确定的反腐败指导思想、基本原则、工作格局、领导体制和工作机制，坚持标本兼治、综合治理，逐步加大治本力度，与时俱进，开拓创新，深入开展党风廉政建设和反腐败斗争，为实现党的十六大提出的目标和任务提供坚强的政治保证。”这段话揭示了当前反腐败斗争的规律，明确了反腐败斗争的指导思想、方针任务、基本思路，为反腐倡廉工作指明了道路。其次，要明确反腐倡廉工作的重点。反腐倡廉工作的重点是坚持三项工作格局（即领导干部廉洁自律、查办违纪违法案件、纠正部门和行业不正之风），拓宽源头防腐领域，切实加强党内监督。而这三项工作格局也有各自具体的重点任务，必须区别对待。最后，要找准反腐倡廉工作的方式方法。反腐倡廉是一项既涉及党的建设和政权建设，又涉及社会经济管理和各方面业务建设的系统工程，必须在党委的统一领导下，动员各方面的力量共同完成。纪检监察干部要加强同各职能部门的联系，善于抓好组织协调工作，使各职能部门各负其责，形成反腐败的整体合力。

三要有清正的形象。党中央认为，纪检监察干部是一支党和人民完全可以信赖的队伍，这是给予纪检监察干部的最高荣誉。作为纪检监察工作者，我们在感到欣慰和自豪的同时，更感到一种鞭策和压力，应该进一步增强使命感和责任感，发扬优良传统，再接再厉，更好地完成党和人民交给的光荣任务。而要实现这一目标，除了加强学习和实践锻炼，提高业务素质和工作能力外，最重要的一条就是加强自身的道德修养，洁身自好，树立清正廉洁的形象。

（本文发表于《巢湖工作》2005年第10期，有改动）

和谐心声

依法行政是根，以理服人是本，以情感人是智，法、理、情并重，是构建和谐社会的本质要素。

加强矿业秩序治理，
确保矿山开采安全生产

随着经济发展，采矿业已成为矿产资源丰富地区的重要经济支柱。但近年来，矿业发展出现了许多新的问题与矛盾，亟待解决。

第一，法律意识淡薄。一是缺乏矿产资源国家所有意识。不少矿主错误地强调资源在哪归哪里，不依法办证，无偿取得矿业权。二是缺乏矿产资源不可再生的意识。一些矿主见利忘法，造成资源浪费，环境污染。三是缺乏矿山安全意识。采矿业是危险性较大的行业，一些矿主不了解矿山开采必须具备保障安全生产的基本条件，必须有一整套安全管理的制度和措施，必须执行矿山安全规程和行业技术规范。四是缺乏法律责任意识。

有些矿主不履行合约，不明确责利，发生事故、纠纷，常常推诿扯皮或私下了结，给政府和社会带来负担。

第二，管理体制混乱。矿山开采主体呈多元化，不少个体私营者采取家庭作坊式分散开采，他们无地质资料、无矿山设计、无地测人员，小规模单打独干，甚至在一个宕口形成上下左右分户混合开采的状况。还有一些人无证开采，非法转让开采，在经济利益驱动下，竞相乱挖滥采，造成矿山边界纠纷频繁，采场险象环生，引发事故。

第三，生产方式粗放。一方面，矿产资源开采设备落后，开采设计盲目，开采方案陈旧，科技含量低，安全系数低，致使事故频发。另一方面，开采者采富弃贫、采厚弃薄、采易丢难，资源损耗严重，人为地缩短矿山服务年限。

第四，经营行为呈掠夺性。一是重眼前轻长远。一些矿山企业对矿产资源缺少长远科学规划，贪图眼前近利，乱挖乱采，越界开采，争抢资源，以致引起纠纷。二是重生产轻安全。不少矿山企业只图生产进度和产出，忽视生产安全和投入，一方面设备陈旧落后，以手工开采为主，另一方面管理松懈，职工缺乏安全培训教育，以致矿山隐患多、违章多、事故多。三是重开采轻环保卫生。一些矿山企业开采设计不合理，布局不规范；加工破碎场所无规划，矿石乱堆乱放；运输货车横冲直撞，“跑冒滴漏”；污染空气、水源，毁坏山体、风景，破坏自然生态，粉尘污染严重，尘肺病人增多。

面对存在的问题，必须进一步加大依法治矿的工作力度，强化措施，规范管理，做好服务，促进矿业健康发展。

一、深化法制宣传，强化法律意识

要促进矿业秩序步入良性发展轨道，必须强化宣传，提高群众的法律意识。在宣传中要注意方法，注重效果，以经常性宣传与集中宣传、广泛宣传与重点宣传、抽象宣传与实例宣传相结合为原则，充分利用广播、电视、报纸等宣传媒体，开展以《中华人民共和国矿产资源法》《中华人民共和国矿山安全法》及配套法规为核心的宣传教育活动。要做到“两个深入”“三个面向”，即深入矿山企业，深入基层群众；面向各级领导，面向采矿权人，面向社会群众。通过广泛深入的宣传动员，务必使广大干部、群众吃透法律法规实质，树立矿产资源国家所有观念、矿山安全生产观念、法律责任观念、有偿开发资源观念和珍惜保护矿产资源观念。

二、规范管理体制，扩大规模，集约生产

相关主管部门要认真贯彻党的十五大提出的经济体制改革战略，结合实际，按照“因势利导、疏堵结合”的原则，采取“收、并、兼、管”的方法，深化矿业体制改革。收，即将非法转让开采、违章乱挖滥采、污染严重的个体矿山的采矿权收归国家或集体所有，壮大规模，合理开采。并，即合并规模小、实力弱、达不到办证条件的若干个体矿山，化零为整，联户开采。兼，即以经济效益、矿产储量、技术含量等方面占优势的矿山企业兼并弱势个体矿山，既可以集体兼并个体，也可以个体大户兼并集体（法律规定的除外），以便集中优势，有效开采。管，可以采用矿山协会形式，通过签订合同，将诸多小矿统筹兼管，形成松散型结合的实际，以便发布信息、调整价格、拓宽销路。通过改革，使矿业体制与社会主义市场经济体制相适应，消除事故隐患，调整矿业纠纷，促进矿业依法有序发展。

三、提高科技含量，推进安全生产

树立科学技术是第一生产力的思想，以教育为基础、科技为动力，促进教育、科技与经济紧密结合，提高矿务人员素质，推进安全生产。一是积极开展业务培训，提高全员安全素质。地矿、公安、劳动、工会等部门要采取办培训班、职业夜校，邀请专家进行专题授课，组织相关人员外出参观等形式对以矿长、爆破员、安全员为中心的矿务人员进行岗位职业培训，向他们传授安全专业知识及安全法律法规知识，提高他们的安全素质与业务水平。二是引进先进的开采技术，如小台阶微差爆破技术，提高生产效率，降低生产成本，增大安全系数，充分合理利用资源，全面提高经济效益。三是按科学方法组织生产，用科学技术指导安全生产，健全管理制度，落实安全生产责任制，加大安全投入，改善作业现场安全生产条件，努力消除事故隐患，推进矿山安全生产。

四、加强科学规划，综合治理环境

环境与资源是经济社会发展的基础，两者相互关联，互为影响。要坚持资源开发与节约保护资源并重的原则，坚决避免低水平重复建设，清理封停资源浪费大、效益差、污染严重以及不具备安全生产基本条件的小矿山。地矿、环保部门联手，强化市场准入管理，严禁沿路沿湖沿城的矿山企业上马，科学规划加工破碎场所，严禁近村沿路乱架机械，乱堆货物，影响居民日常生产生活。运用经济手段，提高资源补偿及环境污染治理费用的征收标准，体现自然资源稀缺程度与实际价值，促进群众增强环保卫生意识，为资源开发和环境保护奠定群众基础。

五、采取有力措施，加强执法力度

依法行政，严格执法，加大整治力度，采取有效措施，确保矿业秩序全面好转。一是加大执法力度，坚决取缔无证开采的违法行为。地矿、公安、劳动、工商部门要紧密配合，齐抓共管。坚决制止无证开采、违章开采等违法行为。二是抓重点带一般，及时解决矿业纠纷。各级领导要亲自组织有关部门，摸准情况，排除各种干扰，把握法、理、情三者界限，采取法律、行政、经济等手段，综合治理。三是强化领导，切实落实政府目标责任制。各级政府及有关部门要切实把矿业整顿工作放在突出位置来抓，把目标责任制落到实处，加强检查考核。

（本文发表于1999年6月《安徽劳动安全卫生》，有改动）

要讲究批评艺术

批评难，难批评，批评难开展。因此，我们有必要讲究批评艺术，掌握批评技巧，提高工作成效。

一、端正指导思想，与人为善，把批评与团结紧密结合

一要从团结的愿望出发，找寻共同点，与被批评者充分沟通思想，平等地交换意见，消除误会，做到团结—批评—团结。二要从关心的愿望出发，给有缺点或有错误的同志拉拉袖子，开展提醒式批评，使其自我觉悟，自我修正，做到爱护—批评—爱护。三要从提高的愿望出发，为被批评者问诊把脉，对症下药，开展帮助

式批评，使其尽快认清问题的实质和危害性，克服缺点，纠正错误，做到帮助—批评—帮助。

二、讲究方法，注意效果，把会上批评与会下批评紧密结合

要提倡会上交锋求大同，会下谈心解疙瘩。在会上摆事实，讲道理，把问题谈清谈透；同时，从效果出发，在会下开展积极的谈心活动，消除情绪障碍，卸下思想包袱，达成共识。

在会上开展批评时，尤其要本着诚恳的态度，直言不讳，防止含而不露，含混不清，一笔带过，否则既不利于问题解决，又模糊了对象范围，引起不必要的猜疑。同时，开展批评之前，批评者一定要把事实弄清楚，力求客观公正，以理服人，不能信口开河。

三、区别对待，把握原则，把逆耳忠言与悦耳忠言紧密结合

“良药苦口利于病，忠言逆耳利于行”，要想方设法把逆耳的忠言变得顺耳中听，把刺耳的批评意见讲得悦

耳动听。

首先，要注重批评与表扬的互相结合。美国实业巨子艾科卡曾经说过：“表扬某个人，用公文；批评某个人，用电话。”这句话道理很深刻。药虽苦，但可以制成胶囊，可以包糖衣，同样利口利病。因此，我们在批评之前，不要以偏概全，而要实事求是，可以用适度的表扬来引路，使对方在较为愉快的气氛中接受批评。

其次，要注重主要与次要的互为转化。在开展批评时，要善于分析，因人因事因地设策。有时要抓小促大，对于情绪较激动的人、矛盾冲突较厉害的事，要先从“微处”入手，迂回包抄，循序渐进，逐层剥笋，凸显主题，最终达到纠正错误的目的。有时要抓大放小，对于复杂问题，要善于抓住主要矛盾，直奔主题，纲举目张，为相关问题化解创造条件。

最后，要注重直接和间接的融会贯通。要根据不同时间、环境、对象，灵活运用直接批评与间接批评两种方法，宽严相济，使批评取得事半功倍的效果。

（本文发表于2000年4月5日《巢湖日报》专刊，有改动）

认真处理好违规上访事件

违规上访事件是指违反《信访条例》规定的5人以上，言辞激烈，情绪冲动，不听劝阻，干扰正常工作秩序的越级集体上访。违规上访事件通常由三个要素构成：一是有实质性问题的合理部分，二是有各种类型的组织者，三是有造成矛盾激化的引发者。三者之间相互作用，形成违规异动，若处置不当，失之其一，必将产生连锁反应，影响社会大局的稳定，因此必须认真对待违规上访事件，妥善处理。

一、析疑破题，妥善处理群众反映的实际问题

一般来说，群众集体上访总有一定的实质性问题要

求解决，有其合理的一面，若问题长期得不到解决则易产生盲动，易被别有用心的人利用造成违规异动。因此，有关部门要正确对待，善于筛选分离，提取合理因素，认真给予解决。在处理上访事件的过程中，应按照“尊重历史，面对现实，依法定位，情理并兼”的原则，妥善处理。“尊重历史”，就是尊重历史事实，对群众反映的问题要从历史的角度，辩证地分析，总揽问题全貌，以事实为依据，按照有关政策，理清解决问题的基本思路。“面对现实”，就是在尊重历史的基础上，根据问题发展变化的现实状态，分析主客观原因，找出矛盾的主要方面，掌握解决问题的基本依据，科学制定解决方案。“依法定位”，就是要以法律为准绳，找到违规上访事件的主要矛盾，进行定量定性分析，准确定位。“情理并兼”，就是在指定具体操作措施时，注意把握好法、理、情三者的界限，特别是在不违法的基础上，注意情理并兼，做到合情、合理、合法地解决问题，使上访者理解、谅解，妥善化解矛盾，最终达到处理问题的公正性。

为保证这条“解题”思路的顺利实施，相关部门一定要注意正确处理好小问题与大问题、个性问题与共性问题的关系，防止矛盾由量变转成质变。对能够解决的问题，要不推、不让、不拖，明确时间，马上就办，办就办好；对应办而条件不成熟的，要给予郑重承诺，安排解决计划，分期分批，逐步给予解决；对条件不具备确实无法解决的，要耐心地向群众解释清楚，宣传政策，必要时，可以邀请有关职能部门、有关专家进行权威性论证、说明，甚至可以采取“带访”的方式，带着群众代表赴上级有关部门进行咨询，正确引导，防止越级违规上访事件的发生。

二、分类定性，依法处理违规上访牵头人问题

上访牵头人往往是上访特殊群体的核心，是事件的组织者、操纵者。我们在处理违规上访事件时，不能把群众上访的实际问题解决了就万事大吉，划圈结案，而忽视了对上访牵头人的处理，从而使上访牵头人放纵对自己信访行为的约束，为后续工作埋下隐患。对此，应在事态平息后不失时机地通过信访信息网络，掌握上访牵头人的线索，将广大上访群众与上访牵头人区别开，分清性质，依法处理。上访牵头人一般有以下几种类型：

一是群众推荐型。这类人往往文化素质较高，社会经验丰富，在上访群体范围内具有一定的权威性和影响

力，常常被群众推荐出来作为“代言人”，牵头向上面反映情况。对于这类人，我们在肯定其善意动机的同时，要向其宣传《中华人民共和国治安管理处罚条例》《信访条例》等有关法律法规，言明群众在享受信访权利的同时，必须履行信访义务，严格遵守信访行为规则，按照《信访条例》的规定，组织5人以下的群众代表，依法有序地进行上访，否则动机虽好，也是“好心办坏事”，也要追究其相关责任。

二是公报私仇型。这类人往往从狭隘的个人利益出发，一旦个人利益受损就心怀不满，别有用心地利用我们工作中存在的漏洞，借题发挥，借“势”发力，煽动群众的不满情绪，散布一些有损党和政府形象、不利于社会稳定的言论，背后操纵策划，挑动或组织群众集体上访，有意向政府施加压力，以发泄私愤，实现其个人目的。对于这类人，公安、监察等部门要认真调查取证，充分掌握其报复性行为的基本事实，并与之见面，进行严肃谈话，指出其违规行为的基本事实，责令其悔过，并记录在案，量性处理。

三是假公济私型。这类人往往利用群众急于解决问题的心理，打着帮群众“打赢官司”的幌子，广泛筹集上访资金，组织群众集体上访，从中捞取好处，谋取个人私利。对于这类人，有关部门要从追查经济问题入手，查清他们利用上访捞取好处的事实，向群众公布，昭示其不良动机，让群众认清其真实面目，并追究其经济及相关问题的责任。

四是别有用心型。这类人往往对社会怀有不满的情绪，利用群众上访，制造事端，引起混乱。对此，公安机关要抓住时机，在信访、监察及相关部门的配合下，认真追查，一经查实，坚决按照《中华人民共和国治安管理处罚条例》追究其相关责任，起到查处一案、教育一片的作用，从而引导群众按照法律赋予的信访权利依法上访。

三、查找原因，认真查处矛盾的引发者问题

引发者往往是违规上访事件的“导火索”。引发者的主要特征表现为：在事态形成过程中，不讲政策，不讲方法，简单粗暴，凭想当然办事，结果事与愿违，火上浇油，引发矛盾，造成不良后果。引发违规上访事件的原因主要有以下两类：

一是政策性引发。政策是解决矛盾的基本依据。我们处理棘手问题，首先要按政策办事，在执行政策时，

要保持政策的严肃性，不能变样走形，不能“讨价还价”。事实上，有些违规上访事件的形成，就是由于少数人不按政策办事，结果引起群众的不满，造成事态的扩大，人为地激发了群众上访。因此，我们在处理问题时，先要树立鲜明的政策观念，加强政策研究，掌握基本依据，同时要加强政策宣传，切实把政策说清讲透，让群众明白事理，再稳步实施。不论是处理违规上访事件，还是出台地方性政策法规，都要认真地开展调查研究，充分考虑群众的接受能力，将政策与实际、需要与可能相结合，因地制宜，并严格按程序办事，防止将“好”事办“糟”。

二是方法性引发。有些违规上访事件的发生，通常是方法不当引发的，具体表现为：部分工作人员方法简单粗暴，不愿做耐心细致的思想政治工作，不能把道理讲透、责任讲清，更不能晓之以理，动之以情，把上访者推到了对立面，人为地激化矛盾，引起群众“赌气”上访，扰乱了正常的工作秩序。对于这类情况，要追究相关工作人员的责任，并要求相关工作人员规范自身言行，改进工作方式方法，提高依法行政水平。

（本文发表于《巢湖工作》2000年第9期，有改动）

做好信访工作应把握好“四个度”

信访工作是党和政府密切联系群众的桥梁与纽带。重视和加强信访工作，是坚持党的宗旨、发扬民主、体察民情、解决群众疾苦、维护社会稳定的客观要求。因此，相关部门要扎实做好信访工作，妥善处理信访工作。笔者通过工作实践，体会到做好信访工作要注意把握好“四个度”。

一、在思想认识上要有高度

一要正确认识信访与稳定的关系。随着改革开放的深入发展，社会矛盾在当前和今后一段时间内将愈显突出，其中很大一部分矛盾是通过信访渠道反映出来的，若处理不当，就会影响社会大局的稳定。因此，我们必须牢固树立稳定压倒一切的思想，紧紧地把信访工作和稳定大局联系起来，妥善处理好信访工作中出现的矛盾。同时，要辩证地看待改革、发展和稳定的关系，切实把信访工作提到讲政治的高度来认识，摆到事关稳定大局的高度来认识，切实发挥信访工作促进发展和维护稳定的作用。

二要正确认识处理结果与过程的关系。信访问题往往错综复杂，在处理中很难一蹴而就，达到预期效果，因此，我们要善于统揽处理信访问题的全过程，讲究科学的工作方法，研究信访工作的规律，认真对待处理过程中的接待、分流、处理、反馈等每一个环节，做到有理、有节、有张、有弛，情、理、法并茂，力争将一些主观人为的矛盾化解在处理过程之中，从而逐步达到高质量的、令人满意的处理结果。

三要克服“怕”与“保”的思想倾向。我们对待群众上访要有正确认识，主观上不能怕群众上访。群众通过信访渠道向党委、政府反映问题是正常的，但在活动中必须向广大群众宣传教育，信访活动必须按照《信访条例》的规定，依法有序进行，维护正常的信访秩序。同时，也不能消极对待群众上访，而是要采取积极措施，疏导群众，说服群众，争取群众的理解。怕，易产生畏难情绪，工作缩手缩脚，造成处理不及时，导致群众的对立；保，易本末倒置，使治表与治里脱节，导致工作目的出现偏差，造成工作被动。因此，我们要树立正确的指导思想，真心待民，主动工作，求真务实，促进信访工作健康发展。

二、在研究分析中要有深度

一要由“表”及“里”地看。要善于透过现象分析其深层次的原因，了解诱发群众上访的各种因素，如物质利益方面、干部工作方面、群众主观愿望方面、政策和法律法规方面等，科学分析，掌握症结，从中找出正确的对策。

二要一分为二地看。要以辩证的观点正确看待群众集体上访，不仅要看到群众集体上访影响了政府日常工作秩序的一面，还要看到群众法制意识增强，能够以法律赋予的权利向组织反映情况，相信政府能依法按章解决其实际困难的一面，从而把握主流，采取妥当措施，有效解决矛盾。

三要换位对比地看。要把自己摆在上访者的位置，设身处地地思考问题，了解群众的疾苦，真正体察民情，在政策允许的最大限度内帮助群众排忧解难，真正把群众的呼声当作第一信号来开展工作，使干群关系密切，党心民心相融，促进社会大局稳定。

三、在组织实施上要有力度

一要增强适度压力。要建立健全信访工作领导责任制，明确职责，层层分解，到岗到人，保持适度压力。压力不能太大，太大会挫伤干部积极性，使人难以承受，适得其反；也不能太小，太小易懈怠麻痹，使问题得不到及时解决。所以，要认真研究，保持张弛有度，提高工作成效。

二要提高动力。要在调查研究摸准情况的基础上采取有效措施，调动方方面面的积极性。要切实转变工作作风，变群众上访为干部下访，变被动“防”为主动“攻”，变简单“堵”为积极“疏”，比如，上门入户调查了解情况，宣传政策。同时，要积极拓宽信息渠道，建立信息网络，及时了解信息，准确掌握相关动态，做到在发展中求稳定，在解决问题中保稳定，实现发展与稳定良性循环。

三要形成合力。信访工作是一项社会综合工程，必然涉及方方面面。因此，要切实加强横向联系，综合治理，做到上下一致不断层，左右联系不脱节，解决问题不推诿，形成齐抓共管的良好局面。

四、在处理问题中要把握尺度

一要善于处理两类不同性质的矛盾，防止定性不准，处理失当引起事态扩大。其一是慎用警力。目前社会不安定因素大多数为人民内部矛盾，所以在使用警力上一定要慎重，做到打击犯罪与维护秩序恰到好处。其二是善于做思想政治工作，以理服人，以情感人。要针对不同对象、不同特征，把政策讲清楚，把道理说明白，说得通俗易懂，使群众易于接受。其三是严格执法，依法办事，最大限度地化解矛盾。

二要善于区分不同类型的对象。对某些符合政策确实有困难的，要将问题及时解决到位；对暂时办不到的，要及时解释清楚；对纠缠不清的要讲明政策，耐心说服；对背后操纵故意闹事者要及时控制，主动“出击”，登门“拜见”，有效控制事态，妥善解决问题。

三要把握好法、理、情三者界限。在处理问题的过程中要以法律为准绳，以政策为依据，以公理和实际民情论短长，区别对待，在不违背政策和法律的情况下，做到有理有节有据地解决问题。

（本文发表于2000年11月《安徽信访》，有改动）

求社情民意之真，务为民服务之实

民政工作历来是党和政府的一项重要工作，它事关群众利益、社会稳定和国防建设。做好新形势下的民政工作，必须把握特征，突出重点，改进作风。

首先，把握特征就是要把握住民政工作五个方面的特殊性。一是群众性。民政工作以全民为服务对象，直接面对千家万户，其中包括烈军属、伤残军人、孤、老、病、残等特殊服务对象。二是多元性。民政工作中的许多社会事务已不再由政府直接管理，而是转变为由专门的民间组织负责管理，体现了民政工作的多元性。三是政治性。低保、救灾、社会福利，帮助群众解决一些实际困难以及对社会行政事务的管理，无不体现出党全心全意为人民服务的根本宗旨，体现出我们社会主义制度的优越性。四是服务性。民政工作总的指导思想就是“服务”二字。五是政策性。民政工作必须严格按政策办事，绝不能将领导意见、人情关系凌驾于政策之上。

其次，突出重点就是要做好民政工作中的五项重点工作。一是救灾救济。每当水、火、雪、旱、龙卷风等自然灾害发生之际，就是我们民政工作者挺身而出之时。此外，城镇居民最低生活保障、五保户供养等都是丝毫不能懈怠。二是社区建设和社区服务。“小社区，大社会”，民政部门要拓宽社区服务领域，支持卫生、科技、教育、法律“四进”社区，大力发展街区经济，为下岗失业人员提供更多的就业帮助。三是村务公开。要建立健全村民自治机制，加强民主管理和民主监督，重点健全完善村级重大事务决策程序，完善公益事业“一事一议”制度。四是拥军优属。首要的是深化改革，稳妥解决复员军人的“三难”问题。五是社会事务管理。它包括民间组织管理、殡改、婚姻登记等等。

最后，改进作风就是要加强三个“建设”，做到三个“实”。具体来说，就是要加强思想建设，牢记全心全意为人民服务的根本宗旨，时刻把群众的安危冷暖放在心上，维护群众的切身利益；加强能力建设，勤于学习业务，勇于探索新时期新形势下民政工作的新特点和新方法；加强作风建设，用健全的制度来约束规范民政工作者的言行。民政工作者要务实，要敢于讲实话，做到不虚、不假、不空；民政工作者要扎实，对工作要一环套一环地去抓，要一步一个脚印地去干；民政工作者要求实效，衡量的标准就是让群众满意，让政府放心。

（本文发表于《巢湖工作》2004年第4期，有改动）

向模范人民调解员曹发贵学习

和县乌江镇黄坝村党支部书记、村调解委员会主任曹发贵在15年的人民调解工作岗位中，成功调解了各类民事纠纷2000余件，化解“民转刑”案件30余起。全村连续15年无一例上访事件发生，呈现了家庭和睦、村民团结、社会稳定的良好局面。在他殉职后，司法部追授他为“模范人民调解员”，省委书记王太华称赞他为优秀村党支部书记和模范人民调解员，并号召全省上下学习他牢记党的宗旨，一心一意为民，将自己的青春和热血全部奉献给人民调解事业的光荣事迹。

人民调解是我党解决人民内部矛盾的一项创举，现已成为我国民主法制建设的重要内容，是维护社会稳定的第一道防线。通过学习曹发贵同志的先进事迹，笔者认为，做好新时期人民调解工作须做到以下三点：

一、一心为民是前提

我们党的根本宗旨是全心全意为人民服务，人民利益至高无上。人民调解工作更要坚持“群众利益无小事”，把保护人民利益作为调解工作的出发点和落脚点。曹发贵同志以“富一方百姓，保一方平安”为己任，在具体的调解工作中，想群众所想，急群众所急，真心实意为群众服务，体现出诚心、耐心和热心，表现出激情、热情和深情。他为了劝和一对夫妻，不惜在北京啃几天馒头，睡几天案板，以诚心感人；有时为了使纠纷圆满解决，他不惜磨破嘴，跑断腿，直到把当事人讲笑了、讲和了、讲好了；有时遇到难以调解的纠纷，他甚至整夜睡不着觉，思量着解决问题的办法，直到把问题解决为止。

二、公道正派是关键

人民调解工作必须以事实为依据，以法律和政策为准绳，并将社会公德和风俗人情贯穿民事调解的全过程，同时注重研究分析当事人的心理，在做到公道正派、不偏不倚、以理服人的同时，还要以情感人，充分体现人民调解互谅互让的鲜明特点。曹发贵同志在调解村民杨某自杀和生活垃圾污染环境两起事件时，就是充分利用了刑法和信访条例等国家法律法规和政策。社会公德是人人必须遵守的一种日常行为规范，通过宣传社会公德，有时也能起到立竿见影的效果。曹发贵在调解陈某婆媳的矛盾时，就反复宣传“尊老敬老是中华民族的美德，每个人都有年轻的时候，每个人也都有老的时候，关心孝敬老人是下辈人应尽的义务”，从而断清了“剪不断，理还乱”的家务事。

三、提高素质是保障

新时期对人民调解工作的要求越来越高，要想做好人民调解工作，必须具备较强的综合素质。首先，要掌握相关法律政策。随着社会的发展，民事矛盾纠纷的内容越来越广泛，形式越来越多样。调解人员必须加强学习，不断提高自身的专业水平。曹发贵平时很注重学习，特别是涉及农村工作的有关法律政策知识，他都认真学习研究。从事人民调解工作15年来，曹发贵认真学习了《中华人民共和国刑法》《中华人民共和国民事诉讼法》《人民调解委员会组织条例》等一大批法律法规条文，先后记下了17本调解笔记。其次，要熟悉风俗人情。有时在调解一些特殊民事纠纷时，调解人员还必须熟悉当地的风俗人情和群众的生活习惯，采取群众乐于接受的方式化解矛盾，不能一概照搬冷冰冰的法律条款，以免激发当事人的逆反心理。曹发贵土生土长在黄坝村，在做调解工作时，能做到因事而异，因人制宜，因时而异，取得了很好的效果。最后，还要有人格魅力。人民调解工作可以说是“给面子”的事，所以，调解人员在矛盾双方心中的形象非常重要。“公生明，廉生威”，曹发贵是优秀的村党支部书记，是群众公认的致富带头人、值得信赖的贴心人、令人放心的当家人和做事公道正派的正直人，他为人坦荡，大公无私。因此，他在做调解工作时游刃有余，再复杂的矛盾纠纷在他面前也会迎刃而解。

（本文发表于《巢湖工作》2004年第9期，有改动）

把握重要意义，做好四项工作

在全党开展以实践“三个代表”重要思想为主要内容的保持共产党员先进性教育活动，是党中央深入研究新形势、新情况、新任务和党员队伍状况后慎重作出的重大决策，意义十分重大。

保持共产党员先进性是由中国共产党的性质所决定的。党章第一句话就是“中国共产党是中国工人阶级的先锋队，同时是中国人民和中华民族的先锋队”。要当好先锋队，就必须保持先进性。先进性不是固有的，必须通过后天的教育和学习才能获得。任何一个政党、一个群体或个人，不进则退是必然的规律。

保持共产党员先进性是马克思主义政党的本质要求。胡锦涛同志在新时期保持共产党员先进性专题报告会上的讲话中强调："先进性是马克思主义政党的根本特征，也是马克思主义政党的生命所系、力量所在。党的先进性建设是马克思主义政党自身建设的根本任务。"可见，我们共产党员只有自身具备了先进性，才能代表先进生产力的发展要求，代表先进文化的前进方向和最广大人民的根本利益，才能代表时代的最强音。我们党之所以能够发展壮大变强，就是因为他保持了时代的先进性，代表了时代的最强音。革命战争年代，我们共产党员的先进性表现为不怕艰苦，不怕流血牺牲。和平建设时期，更需要我们党与时俱进，保持先进性，领导全国各族人民实现中华民族的伟大复兴。

保持共产党员先进性是社会进步和发展的必然要求。胡锦涛同志曾在讲话中提出，一个政党过去先进不等于现在先进，现在先进不等于永远先进。我们必须以发展的而不是静止的，具体的而不是抽象的眼光来看待党员的先进性。当前，我们的主要任务是为实现全面小康社会而努力奋斗。但这不是一蹴而就的事情，它需要我们以先进的执政能力来领导，以先进的理论来指导，以先进的模范来引导。保持党员先进性是永恒的课题和任务，我们必须通过不断的教育和学习达到这一目标。

作为新时期的党员干部，面对不断出现的新情况、新问题和新矛盾，如何保持并提高自身先进性，是我们必须认真对待和研究的课题。我们要做到以下几点：一要加强学习，努力做到先学一步、多学一点、学深一点，不断提高自身政治理论水平。二要振奋精神，以实际行动为加强党的先进性建设作出应有的贡献。三要团结协作，心往一处想，劲往一处使，充分发挥整体功能。四要严格自律，在思想上、工作上、作风上做好表率。

（本文发表于2005年3月17日《巢湖日报》专刊，有改动）

履行职责，维护党章

胡锦涛同志在中纪委第六次全会上的重要讲话中要求全党认真学习党章，自觉遵守党章，切实贯彻党章，坚决维护党章。党章明确规定，各级纪律检查机关的一项主要任务是维护党章和其他党内法规。贯彻落实中纪委第六次全会精神和胡锦涛同志的重要讲话精神，重点是要充分履行纪检监察机关的职责，确保党章的贯彻执行。为维护好党章，笔者之见，要着重抓好三项工作：

一是深入学习党章。结合正在开展的第三批保持共产党员先进性教育活动，纪检监察机关可以开展“学党章　见行动”活动，使全体党员深刻理解并永远牢记党章的规定。鉴于乡镇机构综合改革人事变动较大、新任纪检监察干部较多的情况，建议以县区为单位举办纪检监察业务培训班，将党章列为一项主要内容，请党校教师授课。“七一”前，组织全县纪检监察干部进行党章知识测试，并将成绩记入公务员培训证书。“七一”期间开展“党章规定与纪检监察工作”讨论，让每个人联系各自的本职工作谈学习党章的体会以及正确掌握党章对于开展党风廉政建设的意义。通过经常性的学习教育，使党章知识、党章精神深入纪检监察工作者心田。

二是严格遵守党章。对于纪检监察干部来讲，遵守党章应为他人先，较他人严。无论是作为党组织中的一员，还是作为一名党的纪检监察工作者，遵守党章都是对其最基本的要求，不能严格遵守党章就不是一名合格党员和合格纪检监察工作者。要把党章关于党员义务、党的干部和党的纪律等方面的规定作为内部管理的一项重要制度在纪检系统执行，并接受外界监督。在党员必须履行的义务中，有些规定，如克己奉公，多做贡献，自觉遵守党的纪律，模范遵守国家的法律法规，严格保守党和国家的秘密等，对于纪检监察干部来说不仅是义务而且是责任，应该模范地遵守。在党的领导干部必须具备的基本条件中，有些规定，如正确行使人民赋予的权力，坚持原则，依法办事，清正廉洁，勤政为民，以身作则，艰苦朴素，自重、自省、自警、自励等，也是一个纪检监察干部必须具备的基本素质，应该率先具备。纪委机关要就上述规定的遵守、执行情况发出问卷，征求有关部门和基层群众的意见、建议，并根据所反映的情况，整改、纠正存在的问题。

三是坚决维护党章。维护以党章为核心的党内法规是纪检监察机关的主要职责。县纪委要在县委和上级纪委的领导下，认真履行党章赋予的各项职责和任务。首先，要进一步加强宣教工作。在全县党员中开展纪律教育，增强其纪律意识，做到令行禁止。纪委要继续同宣传、组织部门携手，利用党校、电视、网络等阵地和形式，传播党的知识，弘扬党的优良传统，既教育党员严守纪律，又方便群众参与监督。其次，严格检查党的纪律执行情况，坚决处理违反党章和其他党内法规的行为。进一步修订完善办案工作制度，严明办案纪律，坚持做到以事实为根据，以纪律为准绳，既严肃处理违规违纪行为，又坚决保障党员权利。最后，加大力度，对领导干部行使权力和履行职责情况进行监督，促进用人、行事、重大决策民主化。充分发挥党内监督专责机关的作用，通过前移关口，规范程序，强化力度，纠正选人用人和重大事项决策上的不正之风。

（本文发表于2006年2月9日《巢湖日报》专刊，有改动）

遵循科学抓落实是做好领导工作的关键

遵循科学抓落实既是领导的行政行为，也是其立足本职的责任和义务。任何一项重要决策的实施和目标的实现，必须通过抓落实方才有结果。否则，再好的思路也是一纸空文，再理想的方案和目标也难以实现。那么，如何在开展日常工作中遵循科学抓落实？笔者认为，抓落实需要广大党员干部采用科学的领导方法，特别是从事行政工作的领导，不仅要做到真抓实干、带头示范，而且要善于统筹兼顾、协调各方，更要调动一切可以调动的力量，发挥一切可以发挥的智慧。具体说来，应注重以下四个方面：

一要有求真务实的工作作风。我们在开展日常工作中，要注重一切从实际出发，千万不能搞本本主义，要把上级的决策和部署与本单位、本部门、本科室工作的实际紧密结合起来。在吃透上情、摸准下情的基础上，创造性地对上级的指示精神加以贯彻执行。要知道，衡量一个领导干部能力的高低，就是要看其能否把上级的指示同本单位的工作实情相结合，能否拿出切实可行的工作方案，能否在实际工作中操作到位。要做到和做好这一点，就要求我们每一个领导干部，既不能强调情况特殊而拒不执行上级指示，也不能脱离自身实际而盲目照搬照套，要根据事实说话，按照实际情况办事，尤其要做好对民众有利的事情，力求做到一身正气不作假，不搞形象工程，不做表面文章。

二要有切实可行的工作方法。庖丁为什么仅用一把小刀，就能轻而易举地把一头体积很大的牛切分成八大块？这是因为他掌握了方法和要领，找准了牛的关节，所以游刃有余。遵循科学抓落实，就是要求我们要掌握科学的方法，按照事物的客观规律办事。我们在日常工作中遇到的许多问题，之所以“想不到、破不掉、解不了”，就是因为没有掌握事情的内在规律，没有分析出问题产生的主要矛盾，没有找准问题存在的原因，所以即使看到了问题也没有抓住问题的本质，想到了办法也未能有效落实。有鉴于此，领导干部要对重点工作胸有成竹、心中有数，并做到有计划、有安排、有筹划，要经常深入基层了解实情、发现问题，并能按照事物的客观规律想问题、作决策、办事情，集中主要精力和财力，做好自己该做的事，尽到自己该尽的责。

三要有破解难题的工作能力。领导干部在开展日常工作中，要有应对问题、正视问题的头脑；要搞清对象，了解事由，因情施策，对症下药；要分清事情的轻重缓急，协调上下左右，按照先易后难、先急后缓、先主后次的原则，做到重点能够抓住，要点能够把握，难点能够攻破，亮点能够体现。对有些问题可以“较真”，但有些问题还需要装点“糊涂”。比如，对一些非原则性问题、鸡毛蒜皮的小事不要过于“较真”，否则将不利于团结，不利于工作。但该“较真”的时候不“较真”，就会什么正经事情也办不成。此外，领导干部还要充分发挥自身主观能动性，做到自信而不自卑、自豪而不自傲，把自己的智慧和潜力充分发挥出来，善于将工作中遇到的各种问题化难为易。

四要有注重实效的工作要求。注重实效，并非口头上说说而已，而是要求具体抓、抓具体、抓到底，要克服说而不做、决而不行、抓而不实的不良风气，弘扬真抓实干、求真务实的工作作风，力求用足每一秒、做好每一分、珍惜每一时，将宝贵的时间用在具体工作落实上，把更多的心思用在实际工作上，做到当天能够办的事当天办，绝不慢慢吞吞、拖拖拉拉。注重实效还要看各项工作的进展情况，看工作目标的落实情况，看工作任务的完成质量。由此既需要看到各项工作的新进展，又需要看到各项工作的新成效，更需要看到各项工作的新位次，这就要求领导干部要在强化、督促、检查工作的同时，采取科学的评价机制和激励约束机制，以此推动各项工作的有效开展。

（本文发表于2009年10月20日《安徽经济报》，有改动）

交建烙印

交通工作，建设是基础，运输是关键，管理是硬功，养护是细功，便捷是目的。建、运、管、养并重，是构建便捷交通的不二规则。

加强公路管理须狠抓六个环节

公路管理的好坏很大程度上会影响一方经济的发展。然而有不少地方在重视建设道路的同时，忽略了对道路的管理，建管脱节，重建轻管或只建不管，致使好不容易多方筹资建设起来的道路不能充分发挥其应有的经济作用。笔者认为，要使公路管理与社会经济发展相适应，必须狠抓六个环节。

一、加强道路管理，必须狠抓思想认识

一些地方错误地认为省级道路归省管，县乡道路归县管，乡级只管乡村道路，人为地将道路管理这一有机的整体分割开来；认为乡镇不是公路管理执法主体，无

法执法，结果导致公路管理不到位。因此，加强道路管理一定要站在优化经济发展环境的高度，大力强化道路管理意识，要把道路管理作为对外开放、招商引资的窗口，把道路管理作为维系地方经济发展动脉、实现可持续发展的纽带，还要把道路管理纳入法制轨道。

二、加强道路管理，必须建立灵活高效的管理体制

要坚持建管并重的原则，克服建管脱节、重建轻管的倾向，正确处理好建设与管理之间的关系，把管理工作摆上议事日程，纳入工作总盘子，与综治工作、小集镇建设以及村民自治工作有机地联系在一起，统一安排，统筹兼顾。

三、加强道路管理，必须加强宣传

要使群众理解政策，知晓利害关系，就必须充分利用广播、电视、宣传车等多种形式进行宣传，要把阶段宣传与日常宣传结合起来，并抓好典型宣传，使政策深入人心。

四、加强道路管理，必须强化责任制度

要适当地将道路管理权限“下放”下去，分而治之，切段负责，乡内道路归乡管，乡际道路归市管。同时，还要将道路管理部门的职责划分清楚，合并“同类项”，突出主要职能，杜绝推诿扯皮现象。要逐层签订管理责任书，对所辖责任范围内出现的问题，按责任大小追究责任人的连带责任。

五、加强道路管理，必须强化治理整顿措施

要采取市场经济的办法，建立政府投入、社会融资、有偿使用相结合的多渠道、多元化的投资格局，筹集管理资金，将管理人员、工资、路段三者统一起来，尝试推行有偿有期限地出让道路管理权，逐级实行路段承包制，以路养路。

六、加强道路管理，必须强化奖惩约束机制

交通管理部门和地方政府要拿出一整套所辖路段的

管理方案，并严格按照方案狠抓落实；要将基层道路管理状况作为该地道路建设的一个先决条件加以约束，努力把职能管理行为与行政管理行为相结合，把行政推动与广大干群自觉行动相结合，使道路管理健康发展。

（本文发表于1999年12月6日《安徽交通报》,有改动）

加强对农村公路的建设和养护

农村公路是国民经济和社会发展的重要基础设施，是国家公路网络的重要组成部分。加强农村公路建设和养护要从以下几个方面入手：

一、思想认识要统一

一是树立忧患意识，增强紧迫感。农村公路建设和养护，一忧资金何处来，二忧交通状况何其差，三忧村路何人管，四忧机制何以建。农村公路建设确实到了新路建不起、旧路渐损坏的“进也忧、退也忧”的地步，因此，我们要变忧为急，切实增强农村公路建设的紧迫感。

二是树立德政意识，增强责任感。加强农村公路建设是为农民办实事的一项顺民心、得民意的德政工程，也是各级政府相关部门义不容辞的责任。我们理应从维护广大群众根本利益出发，为改善农村交通条件着想，挑起农村公路建设的重担，切实将实事办好，将好事办实。

三是树立发展意识，增强使命感。俗话说："要想富，先修路。"农村道路交通状况改变的程度，直接关系到农村经济发展。因此，要大力发展农村道路建设，以"出口路""经济路""通乡通村路"为重点，健全农村道路网络，提高农村道路质量，延伸公路长度，保持公路畅通，通过农村道路的有效延伸，形成上下衔接、干支结合、内通外联的农村道路网络。

二、融资渠道要拓宽

一是用足用活现行政策。税费改革后，农村公益事业保留的唯一政策就是"一事一议"，因此，必须充分挖掘政策潜力，用足用活政策。首先，要大胆尝试；其次，要划小议事单位；最后，各项奖励要灵活配套。力争一年干好一件事，年年有作为，逐步改善农村道路状况。

二是建立健全激励机制。为调动基层道路建设的积极性，各级政府相关部门应设立专项资金，实行专户管理，对按规定标准铺设的乡村道路，经验收合格后，成效突出的给予奖励，用这种以奖代补的方法支持和鼓励村级道路建设，激发基层加强道路建设的积极性。

三是社会捐资捐助广集财源。要深入挖掘本地人才优势，对在外经商、工作的有识有资人士，采取致信去函、登门拜访、邀请回乡等方式，给他们讲明家乡发展变化和面临的发展困难，讲清道路建设动议和建设效益，动员他们在取得事业成功后，回报家乡，回报社会，积极争取他们为家乡作贡献。同时，对于为家乡建设作出贡献的人，要注意做好宣传工作，努力营造良好的社会氛围。

四是争取优惠补助。要积极创造条件，不失时机地争取上级即将出台的有关农村道路建设的激励政策，挖掘政策含金量，积极做好农村公路路基、桥涵建设等配套工程，争取政策扶持，推动农村道路建设。

五是分期分段先干后还。在条件允许的情况下，按照“量力而行、适度超前”的原则，用明年的钱办今年的事，走出目前农村道路建设停滞不前的低谷，实现滚动式发展。

三、现有道路要管护

一要明确养护责任制。在县区，坚持分级管理的原则；在乡村，结合公路法规，建立公路管理的乡规民约，把农村公路管理纳入日常工作之中。

二要建立养护机制。要积极建立农村公路养护机制，将集中养护与分散养护相结合、正常养护与季节性养护相结合、专业养护与群众性养护相结合，一般村道在村领导下，实行切段承包，自扫门前雪。

三要建立农村公路管理档案。乡镇和交通部门联手，对农村公路进行全面统计，给每条路上户口、建档案，摸清底情，掌握“底数”。按照属地管理的原则，结合实际情况，划明乡村两级对乡村道路共管、独管的范围，明确管理权限与责任，加强农村公路管理。

四要建好“农民道班”。选择素质好、能吃苦的人员，组成“农民道班”，经费和养护材料费按里程多少合理分摊解决，保障“农民道班”能达到每人“一件雨衣、一顶草帽、一把铁锹、一把扫帚、一只铁桶、一个小舀”的基本条件。“农民道班”要坚持每天上路，进行长年日常管理，促进农村公路的养护管理逐步向规范化方向发展。

（本文发表于2002年1月10日《巢湖日报》专刊，有改动）

打造省会经济圈一体化交通网络

2007年，安徽省委、省政府明确提出规划建设以合肥为中心，以六安、巢湖为“两翼”的省会经济圈。未来的省会经济圈将是安徽省的经济中心，不仅可以让经济圈内的城市优势互补，得到全新发展，更能发挥辐射带动作用，促进全省经济快速发展。快捷、通畅的交通网络，是构建省会经济圈的基础条件。经过多年的建设，巢湖市已建立起以公路为主导的包括铁路、水路的综合交通网络。到2006年底，全市公路总里程达13224公里，其中，高速公路169.5公里，一级公路11.5公里，二级公路571.4公里；全市内河等级航道686.2公里，长江岸线168公里；境内有合九线、淮南线两条铁路，全长118.7公里。但是，巢湖市作为省会经济圈城市这个新的发展定位，对交通条件提出了更高的要求，如何更有效地缩短巢湖与合肥、六安之间的时空距离，加大经济圈城市之间交通基础的对接，打造省会经济圈一体化交通网络，加快巢湖市融入省会经济圈的步伐，促进经济圈城市之间要素流动，实现城际资源共享，是未来几年巢湖市交通发展努力的方向。笔者认为，今后工作的重点是加快高速公路建设，提升改造省道路网等级，完善农村公路网，大力发展水路交通，形成以高速公路为大动脉，以国省干线公路为主骨架，以环湖公路为补充，与水路、铁路等运输方式有效衔接，安全、便捷、舒适、高效的现代化交通体系。

一、构筑高速公路大动脉

高速公路以其快速、安全、通行能力大的优点在整个公路网中起着大动脉的作用。目前，巢湖市境内高速公路里程为169.5公里，包括合巢芜、合宁、沪蓉、合铜黄4条高速公路。但是合宁高速在巢湖市境内只有5.1公里，且没有设置互通立交，巢北的车辆不能直接上高速；沪蓉高速、合铜黄高速全部位于庐江县境内，对市区及和县、无为、含山不能发挥带动作用，承担的主要是过境交通的作用。巢湖市境内的高速公路网存在边缘化的现象，合肥经巢湖市向东的高速通道只有合巢芜高速。打造省会经济圈一体化交通网络，首先必须加快高速公路建设，完善区域内高速公路网，增加经济圈城市之间高速公路容量。因此，要推动加快以下几条高速公路的建设：

1. 马鞍山长江大桥及接线工程

马鞍山长江大桥及接线工程是安徽省高速公路“四纵八横”规划网中的规划项目。国家发改委于2006年3月批复了马鞍山长江大桥的项目建议书，并于2006年底举行了大桥的试桩工程动工仪式。马鞍山长江大桥至巢湖接线工程的预备工作也在进行中，推荐方案路线走向为起于和县南义，接马鞍山长江大桥北岸接线，经含山县南、清溪，在彭山咀附近接合巢芜高速公路。项目全长约30公里，总投资约22亿元。这条高速公路的建设，将形成合肥、巢湖东向发展的第二条快速通道，对优化巢湖高速公路网结构，东进西联融入长江三角洲，促进省会经济圈发展将具有十分重要的意义。

2. 北沿江高速公路

北沿江高速公路是安徽省高速公路“四纵八横”规划网中的“横六”南通至武汉高速公路的重要组成部分，规划的路线走向穿越巢湖市境内四县一区，经过和县的香泉、西埠、南义，然后与马鞍山长江大桥至巢湖接线共线，与合巢芜高速公路相交后向南延伸，经含山的林头，居巢区的钓鱼，无为的石涧、赫店、鹤毛，庐江的砖桥后出巢湖市。建成后的北沿江高速公路将连接皖江产业带中的巢湖市及滁州市、马鞍山市三个发展极，有利于建设沿江现代化城市群，促进沿江经济带的发展。它和合巢芜高速、马鞍山长江大桥接线、芜湖长江二桥接线组成的“一纵三横”高速公路网，更是未来省会经济圈东向发展，在皖江地带发挥辐射带动作用的主通道。

3. 合肥至巢湖的高速公路

目前，合肥至巢湖的高速公路只有合巢芜高速，将来马鞍山长江大桥至巢湖段高速公路建成后，马鞍山至合肥的车辆也只能经合巢芜高速进入合肥。建设省会经济圈，经济圈内城市之间的人流、物流量必然迅速增加，从而导致合肥至巢湖的高速公路容量将更加不足。为推动省会经济圈城市之间各类要素的迅速流动，需要扩充合肥至巢湖的高速公路容量，新建合肥至巢湖的第二条高速通道。

4.芜湖长江二桥及接线工程

芜湖长江二桥及接线工程是安徽省高速公路“四纵八横”规划网中的“纵二”徐州至福州高速公路的跨江通道，是省会经济圈城市进浙入闽的重要通道，也是将来沟通北沿江高速公路和南沿江高速公路的主通道之一。其规划路线走向在巢湖市境内为：起于石涧镇，接北沿江高速公路，经仓头、临江坝、小江坝，在矶头山处过长江。

二、改造提升省道骨架路网等级

省道干线公路是公路网中的主骨架，相对于高速公路封闭式点对点之间快速运输的特点，省道干线公路开放式的运输特点对于沿线乡镇、产业带的经济发展有很强的带动作用，而且受高速公路通行费用较高、需要绕行的影响，省道干线公路对于区域短途运输吸引力较大。打造省会经济圈一体化交通网络，必须充分发挥省道干线公路主骨架功能，提升改造巢湖至合肥的省道公路等级，建立区域快速运输通道。一是提升改造省道105合马路。这条公路既是合肥至巢湖的主通道，也是合肥、巢湖两市东向发展，与南京无缝对接的主通道，沿途乡镇、大型企业众多，有合肥电厂、巢湖电厂、桥头集化工园、巢东水泥厂等，年平均日交通量已达1万辆以上。目前，省里已将巢湖至南京段一级路改造工程列为试行贷款项目，正在开展前期工作，合肥至巢湖段的升级改造项目还需要积极努力争取。二是改建省道331西大路。西山驿至大墅公路是合肥至巢湖的省道第二通道，也是合肥、巢湖东向发展联系滁州的重要通道之一，对于带动肥东、居巢区的经济发展十分重要。

三、综合规划建设环巢湖公路

未来的省会经济圈将以合肥为中心、以巢湖和大别山为依托，构建泛巢湖国家级旅游区。目前合肥正在建设现代化滨湖城市，巢湖的城市发展也要“东进西迎”，打造滨湖山水城市，积极呼应合肥现代化滨湖城市建设。未来的省会经济圈将环绕八百里巢湖大力发展旅游经济，建设现代化城市，因此，作为经济发展重要支撑的环湖公路的重要性日益凸显。受行政区划影响，环巢湖公路分为合肥和巢湖两段。打造省会经济圈一体化交通网络，需要按照“综合考虑、统筹规划、分步实施”的方式，克服行政区划影响，对环巢湖公路进行综合考虑，建设一条高标准的旅游观光大道，拓宽两市的发展空间，实现两市经济、旅游、文化的有机融合。

四、综合发展航道、港口建设

巢湖市濒临长江，怀抱巢湖，境内水网密布，航运资源丰富，拥有大小河流40多条，内河通航里程815.93公里，等级以上航道686.2公里，形成了以长江为龙头，以巢湖为中心，以合裕线航道为主通道，连接众多支流小河，干支互通、纵横交错的内河航道网。但是巢湖市内河航道网还存在发展不足的问题，主要是三级以上等级航道里程比例低、长江岸线利用不合理、缺少万吨级以上综合性港口等。打造省会经济圈一体化交通，必须综合发展航道、港口建设，重点要推动两项工程建设：一是兆河—西河航道整治工程。兆河—西河航道是安徽省规划的内河五条地区重要航道之一，是皖中地区进江入海的“第二通道”，对发展省会经济圈、沟通江淮水运、完善安徽省内河航道网都将起到十分重要的作用。二是巢湖江北大港工程。巢湖市境内有168公里长江岸线，适宜建设万吨级港口的岸线有30多公里，极具开发价值，发展余地很大。巢湖市科学规划、积极推动江北大港的建设，规划建设融集装箱码头、石油液化气中转站、内外贸杂货码头和散货码头为一体的大型港口。未来的江北大港不仅是巢湖，更是皖中地区通江达海的水上交通枢纽，对促进省会经济圈的发展有着十分重要的意义。

在不断完善公路网、加快水运网络建设的同时，我省还将大力推动铁路通道建设，增强铁路运输能力，实施淮南铁路电气化改造，规划发展合肥经巢湖至芜湖的城际轨道交通。相信在不久的将来，以合肥为中心，东连巢湖，西接六安，辐射全省的省会经济圈现代化综合交通体系将建立，实现客运快速化、货运物流化、管理智能化，以促进省会经济圈的不断发展。

（本文原载于《合肥·六安·巢湖发展报告No.1 2007》，

社会科学文献出版社2007年版，有改动）

严格按程序选人用人

笔者在担任巢湖市交通局党委书记、局长时曾说：“提高选人用人公信度，最根本就是要按程序选人用人。”

巢湖市交通局在严格按程序选人用人方面，健全了权力制衡机制，实现了工作程序法定化。具体表现为对党委会讨论研究干部任免的事项实行举手表决或无记名投票，未经过组织正式考虑的不研究，临时动议的不研究，表决投票不超过半数的不通过，杜绝选人用人的随意性。

对干部的提拔任用，在提请局党委讨论决定前，充分征求同级纪委的意见，对发现确实有问题的人，组织人事部门不推荐提拔任用，已经在领导岗位的，要采取果断的措施进行调整。局纪委也要认真履行职责，积极参与干部考察任免，协助组织人事部门把好选人用人关。近年来，巢湖市交通局党委严格按干部提拔任用程序办事，切实调整选拔出一批靠得住、群众认可、实绩突出的干部，为交通大发展奠定了坚实的组织基础。

笔者认为，作为一名市交通局党委书记，要正确认识用人权力，保持审慎之心，时刻用党纪法规规范自己的言行，自觉做到讲纪律、守制度、不违规，筑牢拒腐防变的思想防线，始终不逾越制度这条红线。要正确把握用人导向，保持公正之心。要牢牢把握干部任用的政治导向、作风导向、实绩导向、发展导向和民意导向，按制度选人，自觉做到讲原则不讲面子，讲党性不讲人情，以正确的用人导向激励广大干部干事创业。要以坦诚的态度对待监督，自觉推进干部选任工作“阳光”运行，切实把选人用人的关键环节置于广泛的监督之下，努力提高选人用人的公信度和群众满意度。

（本文发表于2010年8月30日《巢湖日报》，有改动）

维护担当

依法维护职工的合法权益，当好党联系职工群众的桥梁和纽带，当好职工利益的表达者和维护者，当好职工的贴心人，是对工会工作者的客观要求。

“勇”字当头扎实做好工会工作

当前，交通工会工作面临着新形势、新任务和新要求，如何发挥工会优势，凝聚智慧力量，团结动员广大职工为交通运输转型发展作贡献，进一步推动工会工作再上新台阶，还需要我们深入思考、不懈探索。结合实际工作体会，笔者认为，工会工作者应具备“三勇”，即勇挑重担、勇敢维护、勇于争先，做到“勇”字当头，围绕中心，服务大局，争当工作“排头兵”，担当和谐“协调员”，乐当职工“贴心人”，团结动员广大职工为推进行业科学发展，促进社会和谐稳定作贡献。

一、勇挑重担，当好党联系职工群众的桥梁和纽带

交通工会作为行业工会，应该怎样勇挑重担，怎样当好党联系职工群众的桥梁和纽带呢？

第一，要瞄准主战场。交通运输行业的建设、管理、养护、服务工作是交通运输的主战场，工会要有所为，就必须在这个主战场上动脑筋，工会干部要勇挑重担，敢于在主战场上当主角。由于建设的主体是工人阶级，所以工会干部要采取多种形式调动广大职工的积极性和创造性，充分发挥他们的主力军作用，让他们在交通运输的主战场上展风采、亮形象。

第二，要抓住主旋律。主旋律就是党委的号召和指示。从工作角度讲，工会响应党委的号召，执行党委的决定，如文化建设、文明建设、创先争优等等，就是工会工作的主旋律。从发展角度讲，工会就是要服务发展，在把握主旋律的前提下，上传下达，创先争优，把党委的指示、部署、意图通过工会的桥梁、纽带作用传达到职工心坎上，把党委的温暖也传送到职工心坎上，使党委和职工之间联系更加紧密，关系更加和谐。

第三，要争取主动性。争取主动，力避被动，是工会工作的关键所在。不论做什么工作，都要争取主动，力避被动。凡事只要主动了就能争取先进，被动了就会导致落后。比如，办公桌上有一片纸屑，你看到之后主动把它扔到垃圾桶里去了，久而久之形成习惯，你看事情、做工作就会很主动，大家就会感觉你工作很勤奋。你看到纸屑没有主动清理，等领导看到后，吩咐你拿掉，你才把它拿掉，这就是被动的，被动的就不是先进了。还有的同志，上午领导吩咐你拿掉办公桌上的纸屑，到了下午纸屑还在上面，那就落后了。联系实际工作，我们都要在怎么样争取主动，力避被动上下功夫。党委一旦发出号召，我们理解问题要靠前，思路要靠前，要见事早，行动快。在安全事故问题上，要发现得早，进入得快，解决得好。在创先争优上，要见事早，行动快，标准高，号召职工包括工会同志在各项工作中争取主动，力避被动，争当先进。

二、勇敢维护，当好职工的“贴心人”

勇敢维护，当好职工的“贴心人”，这是工会职能所在，也是法律赋予工会的职责。做好职工的“贴心人”，要注重以下三个“互”：

第一，要注重互通。就是要做好面对面、心贴心、实打实的工作。工会干部要善于走群众路线，善于和职工交朋友，善于和基层打成一片，要依靠工人阶级，服务工人阶级，始终同劳动大众在一起，融入职工，增进感情，这样才能得到最广大职工的认可。工会干部眼睛要向下看，要和职位低的、生活困难的、经济条件差的职工交朋友，这样更容易交流感情，了解实情，同时要学会尊重人，及时帮助别人。只有这样才能领会工会工作的真谛，提高工作效率。

第二，要注重互助。就是要心系职工，为职工群众服务。比如，我们开展职工互助保险理赔送温暖活动，受助职工拿到几万元的保险金，感动得热泪盈眶。这就是互助功能的作用，工会为职工买了互助保险，特殊情况时发挥了功效。职工互助保险体现了人人为我、我为人人的主题，花小钱，保大险。各级工会不能小看这些小钱，要继续把职工利益放在心上，搞好互助保险工作，为职工多办好事。

第三，要注重互动。就是要善于沟通，善于调动职工积极性。在党委的领导下，把职工组织起来，凝聚成一个整体，形成强大的动力，发挥职工的主动性和创造性去干事创业，这样，我们的队伍就会很有韧性，很有战斗力，没有完成不了的任务，没有解决不了的困难，没有过不去的火焰山。

三、勇于争先，当好工作的“排头兵”

工会工作，文化建设也好，文明创建也好，最终落脚点，就是要调动职工积极性、创造性，培养工人同志们敢拿、敢夺、敢争的精神，使队伍很有朝气，很有战斗力，特别能吃苦，特别能战斗，而且特别敢于拿金牌，敢于取得胜利。

第一，要把工会工作当作学问来做。有人说：“工会，工会，吃饱就睡。”我的工作体会却是：“工会，工会，干起来很累。”想把工会工作搞好，就要把它当作学问来做。从工会的职能、作用和地位上看，工会工作是很崇高、很伟大的，因为工会紧紧地同工人阶级站在一起，紧紧地与中国共产党的事业站在一起。工会代表这个先进的阶级并且是为其服务的，使命光荣，任务艰巨。怎么做好工会工作是门大学问，不仅要讲感情，还要有方法，要做到哪里有工人，就把工会建到哪里。

工会应该怎样维护职工合法权益，怎样做好群众思想工作？举例来说，工会干部把微笑服务的要求带到基层中去，带到群众中去，“好语一句三冬暖，恶言一句三伏寒”，这就是做好工会工作的方法和学问之一。古人云：“少而好学，如日出之阳；壮而好学，如日中之光；老而好学，如秉烛之明。”工会系统要建设学习型工会，工会干部更要加强学习。通过学习这种无形的力量把大家凝聚到一起，可以增强凝聚力和战斗力。工会干部要把工会工作当作学问来做，提高工作能力和本领，无论到哪里去，不但能做，而且能讲，还要讲得头头是道，讲个一二三出来，这就是本事。

第二，要把文明创建当作事业来做。现在，各级党委都把工会当作文明创建的主力，很多工会主席兼职文明办主任，我们工会工作者要勇敢地挑起这个担子，把文明创建当作事业来做。比如，“微笑服务、温馨交通”活动如何拓展内涵、延伸外延问题。微笑服务是个引领，通过微笑服务可以树立形象，展示内涵。除了一线窗口、收费站、服务中心窗口需要做到微笑服务，行政执法能不能微笑呢？我们要让微笑进机关，微笑进各个岗位，就是平时接电话，也要体现微笑和温馨，防止“声音渐渐小对方是领导，声音渐渐大对方是部下”现象的出现。我们常说，工作要讲究方式方法，那么怎样才能做到良药不苦口而利于行？过去讲良药苦口，现在苦药已经变成胶囊，不苦了。我们批评人能不能先用表扬的“胶囊”铺垫，让对方很客观、很高兴地接受我们的批评？这就是微笑服务的内涵。我们在工作中应该把微笑落到各个环节，使单位和谐发展。作为领导，做到使部下良药不苦口而利于行，就是内涵。外延就是延伸到交通运输系统的路、桥、港、航、站。比如，向路上拓展，通过沿途文化建设，让人在潜移默化中感受到公路文化魅力，做到公路修到哪里，就把文化带到哪里，把微笑服务带到哪里，把交通人的风采带到哪里。

第三，把公事当作私事来做。就是要把公家的事当作自己的事来做，干不好工作睡不好觉，解决不了问题吃不下饭，真正用脑用心去干好每一件事。凡是责任心强的人，会无意识地把公事当作私事来干，工作干得很好。

工会工作无止境，把工会工作当作学问来做，把文明创建当作事业来做，把公事当作私事来做，肯定能把工作干好，肯定能够创先争优。即使没有拿到名次，没有拿到奖状，但是职工信任我们，这就是最好的奖励。

（本文发表于《安徽工运》2012年第9期，有改动）

履行工会职能要提升四种能力

党的十八大对新的时代条件下推进中国特色社会主义事业做出了全面部署，也赋予了工会工作新的光荣使命。2013年4月28日，习近平总书记出席全国劳动模范代表座谈会并发表重要讲话，在全国总工会机关干部中引起热烈反响。习近平总书记指出："实现中国梦必须充分发挥工人阶级的主力军作用，必须紧紧依靠工人阶级发展中国特色社会主义，必须坚持崇尚劳动、造福劳动者，必须大力弘扬劳模精神、发挥劳模作用。"习近平总书记的重要讲话，是当前和今后一个时期推进工会工作的行动指南，是指导工会工作的纲领性文件，为工会工作指明了发展方向，提出了更高要求。如何适应新任务新要求，进一步提高交通工会工作效率，笔者认为，应努力在提高亲和力、渗透力、战斗力、凝聚力上下功夫。

一、培养亲和力

工会干部要通过自身人格魅力、道德魅力、知识魅力来感染人、吸引人，在潜移默化中教育人。那么，怎样才能有亲和力呢？一是要真不要假。工会干部有没有亲和力，关键就在于做人做事是不是真诚不虚假，真诚不虚假是培养亲和力的基本条件。对人讲真诚，办事讲认真，不欺骗人，就会表现出亲和力。二是要实不要虚。“实”就是老老实实地干实事，真正做到面对面、心贴心、实打实。无论是开会还是日常工作中，群众对讲大话、空话很反感，大话、空话听起来似乎很有道理，实际上却办不到，讲的兑不了现，到头来什么问题也解决不了，久而久之亲和力就没有了。三是要热不要冷。“热”就是对人热心、热情，不要冷落人。工会工作者有热情才有号召力，群众看你办事真诚实在又有热情才会信任你、拥护你，这样才能带动一批人，才会有亲和力。此外，还要善于给人温暖，调动人内在的因素，外因通过内因去起作用，会让人产生发自内心的认同，促使人自觉行动，真正去把工作做好。靠训斥，靠讲不着边际的大话、空话、套话，即使讲得声嘶力竭，职工也听不进去，群众还会回避你。工会干部要用真诚和热情去感染对方，让对方主动地发挥个人能动作用，这样工作才有效果。所以说，培养亲和力就要在实上、真上、热上做文章，努力使言谈举止赋予正面感染力。

二、提升渗透力

工会干部要努力把事物看清楚，把问题研究透。一是要力争把问题看透，搞清是什么。真正要搞清楚问题的本质是很难的，我们往往看到的多是问题的表象，本质并没有搞清楚。因此，对事物的看法应力求由表及里地看，一分为二地看，举一反三地看，这样才能把事物看透，真的搞清楚事物本质是什么。二是要力争把症结摸透，搞清为什么。我们要找出问题的主要矛盾是什么，抓住主要矛盾，问题就解决一大半了。在实际工作中，如果找不准问题的症结，搞不清楚主要矛盾和次要矛盾，主次混到一起，解决问题就会比较复杂，甚至节外生枝。所以，工会干任何事情都要认真开展调研，把情况了解清楚，抓住主要矛盾，善于牵住“牛鼻子”，从而得出正确结论。三是要善于把问题吃透，搞清怎么做。在正确的结论前提下，对症下药，认真研究解决问题的办法，找准科学方法，狠抓工作全过程，不出成绩不收兵，干出好的结果来。

三、提高战斗力

工会一定要具有号召力，形成战斗力。习近平总书记在第十二届全国人民代表大会第一次会议上的讲话中指出，全国广大工人、农民、知识分子，要发挥聪明才智，勤奋工作，积极在经济社会发展中发挥主力军和生力军作用。这就要求工会要带好这个主力军，服务经济建设的主战场，大显身手，大有作为。

一是要有积极的态度。工会干部干任何事情都要有积极的态度，本职工作主动干，交叉工作积极干，突发工作抢着干，还要有“说我行，我能行，交给我来办”的热情，这是提高战斗力的前提。二是要有昂扬的斗志。昂扬的斗志是干好工作的必备条件。工会干部要有一种不服输、不放弃的精神状态，一种勇于超越、敢于胜利的不懈追求，要号召职工团结奋斗，没有昂扬向上的斗志，就激发不起群众的热情。在党的领导下，工作要争着干，要拉得开，还要玩得转，争取多才多艺，和大家打成一片，这样就会有感染力。三是要有优良的作风。优良的作风是提高战斗力的必然要求，表现在行动上就是过得硬、打不垮、拖不烂。习近平总书记曾说过要“踏石有印，抓铁留痕”，工会干部就要有这个决心。工作中抓什么事都要一抓到底，要有头有尾，善始善终，抓全过程；同时，要善于总结经验，总结方法，调动大多数职工的积极性。工会干部自身形象要好，要吃苦在前，勤政廉洁，作风过硬，说话算数。

四、增强凝聚力

凝聚力是指群体成员之间为实现群体活动目标而进行团结协作的程度。凝聚力外在表现于人们的个体动机行为对群体目标任务所具有的信赖性、依从性乃至服从性。世界上除某些科学发明、文学创作和书本学习等少数事情外，大多数事情不是依靠个体或少数人的力量就能做好的，所以也就需要凝聚力。工会是党联系职工群众的桥梁和纽带，是职工利益的代表者和维护者，工会应通过发挥自身职能优势，在构建和谐社会中最大限度地维护职工合法权益，最大限度地增加和谐因素，减少不和谐因素，不断促进社会和谐，增强工会凝聚力和吸引力。

一要发挥工会的维护职能，在保持稳定、促进和谐中增强凝聚力。维护职工的合法权益是工会的基本职责，是工会发展和谐劳动关系的基本手段。社会主义市场经济条件下劳动关系的变化，迫切需要工会在代表和维护职工合法权益、建立协调稳定的劳动关系中发挥其他组织不可替代的作用。工会要以职工利益的表达者和维护者的身份，反映职工正当的利益诉求，或引导职工以理性合法的形式表达正当的利益诉求，依法维护其合法权益，自觉地维护安定团结的政治局面，构建和谐劳动关系。职工利益维护好了，工会说话职工就会听，就会有凝聚力。二要发挥工会的参与职能，在源头参与、民主管理中增强凝聚力。工会要坚持职代会制度，确保职工的主人翁地位；坚持“源头参与”，当好职工“娘家人”；坚持关心职工生活，为职工排忧解难。工会牵挂职工冷暖，为职工办好事、办实事，职工才可能视工会为“娘家”，工会才有凝聚力。三要发挥工会的教育职能，在树立典型、弘扬正气中增强凝聚力。工会要充分发挥“大学校”作用，认真开展社会主义核心价值体系实践活动，通过典型示范，岗位成才，唱响劳模伟大、创造光荣的主旋律，弘扬时代精神，引导职工不断增强爱岗敬业、诚实守信、奉献社会的意识，扎实开展行业文化、单位文化、职工文化建设，增强职工的归属感，增强工会的凝聚力。四要发挥工会的建设职能，在争先进位、建功立业中增强工会凝聚力。工会要积极开展各种形式的劳动竞赛，引导职工主动为祖国建设、社会繁荣、产业发展，为企业改革和企业发展献计出力。同时，工会还应大力弘扬劳模精神和工人阶级伟大品格，激励广大职工通过勤奋劳动、诚实劳动、创新劳动创造美好生活。工会是职工利益的代表者，群众利益无小事，实现维护发展好人民群众的根本利益，就要全力解决关系群众利益的实际问题。工会只有始终坚持“民有所呼，我有所应；民有所难，我有所助；民有所求，我有所为”的原则，竭尽全力维护群众整体的、正当的、根本的、合法的利益，才能增强工会的凝聚力和吸引力。

（本文发表于《安徽工运》2013年第9期,有改动）